我的科创之路

MY JOURNEY OF SCIENCE AND TECHNOLOGY INNOVATION

西南交通大学出版社
成都

图书在版编目（CIP）数据

我的科创之路 / 李静波主编. —成都：西南交通大学出版社，2020.10
ISBN 978-7-5643-7753-3

Ⅰ. ①我… Ⅱ. ①李… Ⅲ. ①大学生－科研活动－文集 Ⅳ. ①G644-53

中国版本图书馆 CIP 数据核字（2020）第 200051 号

Wo de Kechuang Zhilu
我的科创之路
主编　李静波

责任编辑	罗小红
特邀编辑	曾文付
封面设计	黄贵军
出版发行	西南交通大学出版社 （四川省成都市金牛区二环路北一段 111 号 西南交通大学创新大厦 21 楼）
发行部电话	028-87600564　028-87600533
邮政编码	610031
网址	http://www.xnjdcbs.com
印刷	四川煤田地质制图印刷厂
成品尺寸	146 mm × 208 mm
印张	4.25
插页	2
字数	120 千
版次	2020 年 10 月第 1 版
印次	2020 年 10 月第 1 次
书号	ISBN 978-7-5643-7753-3
定价	45.00 元

勤思考，勇钻研，
出创新，出人才。

翟婉明

翟婉明，男，中国科学院院士

中国铁路工程动力学专家，西南交通大学教授

Preface
卷首语

饮一杯峨眉雪，捧一汪镜湖水，借一米虹桥光
人生有千万种可能性
而你们选择了披星戴月，日夜兼程
SRTP、互联网+、数学建模、挑战杯、广告艺术大赛、物理实验竞赛、生命之星……
这是大自然最完美的馈赠，是成长最好的赞礼

新秀伊始，无所适从
你们在科研路上摸索前行
留心生活，把握灵感
你们在创新船上扬帆起航
念兹在兹，磨砺以须
你们在迷惘雾霭中坚持不弃
志同道合，守正笃实
你们彼此鼓励监督无问东西

日月更迭，星云变换
即使出师未捷，即使遭遇瓶颈
你们也相信厚积薄发，久久为功
即使矛盾冲突，即使身处断崖
你们也相信事不凝滞，理贵变通

真正的科创
必为养严谨之气，育创新之魂
它可以不惊世骇俗，但不能华而不实
它可以不涉猎深广，但不能浅尝辄止
当你矗立于脚下的土地
将成长的迷惘和喜悦埋藏在血液里无尽流淌
用血汗缝合砖瓦到达那无上殿堂

念一份九里缘，记一段犀浦情，怀一轮峨眉月

Contents

目 录

科研之路，从新出发

¤ 姓名：曾永家右　　¤ 学院：交通运输与物流学院

临近大学本科毕业之际，回首大学三年多的时光，我是潜心启程的初学者，在科研的路上摸索前行；我是披星戴月的拼搏者，在创新的路上日夜兼程。不问前程，只为梦和远方。

一、脚踏实地，仰望星空

大二开始，我担任了一项国创SRTP（Student Research Training Program，本科生科研训练计划）项目的负责人，我们带领团队研究共享单车的再平衡问题。我们拜访了摩拜、ofo等多家企业，但是因为数据涉及企业机密，多次寻求无果。于是我们决定采取最原始的办法，在确定研究范围和站点之后的一个月时间里，每天从早上6点到晚上6点，定时定点排班，记录APP(手机应用程序)中地图定位所显示的车辆数，以此作为研究的基础数据。这解决了我们研究过程中第一个大的困难。

如果说共享单车的兴起是机遇，那么国民素质就是共享单车生死存亡的考验。在一年的研究中，我们不仅自学了Anylogic软件对数据进行建模仿真验证，并从共享单车的运营管理层面出发，结合创新性的技术模块连接，申请了两项国家发明专利，使得国民素质能够在一些外力的引导下，更好地实现自觉，使共享单车的再平衡更加有序和规范化。

二、留心生活，把握灵感

我独立发明的一项实用新型专利，其实是来源于一次取快递的偶然经历。作为物流专业学子的我，在生活中会不自觉地留意与物流行业相关的事物。在一次取完快递之后，我发现被丢弃的快递箱上几乎都保留着收件人的个人信息。当今社会，通过手机号就能够获得很多个人信息，若我们不对快递包装上的信息进行处理，就容易导致个人信息的泄露。但事实情况是，大家在拿到快递之后只有少部分人会对包装上的个人信息进行涂改或撕毁，通常直接连同快递包装一块丢弃。那么通过什么样的方式能够既让收件人不用花费额外的功夫去处理信息，又能保护收件人的隐私，这个问题激发了我的好奇心。我发现快递员固定的一个动作是撕下快递面单上的一联作为存根，能不能利用这个过程来帮助收件人处理掉个人信息呢？于是我通过对学校的“百世”“韵达”“圆通”“京东”等多家快递公司进行实地调研，分析不同公司所采用的快递单的特点，最终设计出了一款创新型的快递单，能够有效地解决快递单上隐私泄露的问题。目前该项实用新型专利已经获得认可证书，之后我也将尽我所能，希望有朝一日这种快递单在市面上推广出来，方便我们的生活。

三、志同道合，从新出发

科研最大的收获不仅是对科学的探索，而且能收获一群志同道合的伙伴。参加“第二届全国日日顺物流创客训练营大赛”，我和队友一起辗转青岛、武汉、安徽三个地方，一起经历了从考查企业痛点到提出解决方案获得创业启动资金的喜悦。在“第九届服务外包创新创业竞赛”中，我与队友牺牲掉寒假休息的时间，一同坚守在工作室中拼搏，从0到1建立起一个基于大数据深度学习技术的人岗匹配系统，在抓取的上万岗位数据中，实现了通过求职者的标签信息，迅速生成画像，推荐给求职者最适合的岗位，解决工作不好找、找得不满意这一求职难题。我们是一群追梦的少年，是一起并肩作战的战友，这种在团队中一起拼搏、成长所经历的岁月，所收获的友情是我们大学中宝贵的财富。

四、不忘初心，方得始终

曾看到过这样的一句话，“真正的科研不是‘have to say something’，而是‘have something to say’”。就像真正成功的企业家并不是为了创业而创业，而是想要为人类社会带来更多的美好与便利。不忘初心，方得始终，坚守科研的底线与潜心探索的信念，应是每个科研人需铭记于心、付之于行的责任。

念兹在兹，磨砺以须。科研的道路注定是艰难的，随着研究的更深入，我们需要掌握的技能，所涉猎的世界都将更加广泛。科研让我们痛苦，因为它让我们看到了这个世界上更多的问题，但是科研又让我们更幸福，因为它让我们更好地认识我们的世界，改变我们的世界。未来，我将继续在科研的道路上潜心修行，守正笃实，久久为功。

获奖情况：

2018年11月，中国（小谷围）“互联网+交通运输”创新创业大赛全国二等奖（国家级）；

2018年06月，第九届全国大学生服务外包创新创业竞赛全国二等奖（国家级）；

2017年11月，第二届全国日日顺物流创客训练营大赛全国银奖（国家级）；

2017年05月—2018年04月，主持一项国家级大学生创新创业训练计划国创项目“以物流公司角度的共享单车静态再平衡研究”（10613044），已结题（国家级）；

2018年05月，创青春全国大学生创业大赛省级铜奖（省级）；

2017年05月，五一数学建模联赛三等奖（省级）；

2017年12月，西南交通大学第九届大学生课外创新实验竞赛银奖；

2017年05月，日日顺创客训练营大学生优秀志愿者；

2017年07月，日日顺创客训练营“传播创客之星”；

2016年11月，西南交通大学“经赢人生”创新创业大赛三等奖。

桃李年华之年，应持精勤求学之操

¤ 姓名：陈祺琪　　¤ 学院：利兹学院

古人曾夸赞一女曰："以艳阳桃李之年，而有冰雪风霜之操。"意思是说，在二十岁的桃李年华，青春正好的年纪，却也能有冰雪风霜一般的的傲人节操。古时对女子的期望是希望她们有着贞烈的品格。现代女子在桃李年华，不应仅是品性清高，更应是学问日精。幸而本篇作者拜于我国第一所工程高等学府门下，习得"精勤求学"之训诫为安身立命之本，也曾参透一二分这其中的道理。

此女于学府双甲子华诞仲秋八月入学，就读于计算机科学与技术专业，砥砺求学两年有余，秉其校友茅以升先生之言："困难只能吓倒懦夫懒汉，而胜利永远属于敢于攀登科学高峰的人。"尝寻创新之路些许，有感而言，作于此篇。

戊戌之年，厚积博观。这不是关于一匹黑马的故事，而是一只小马蹒跚学步的故事——这一年，是她进入学府的第二年，此女掌握了一定的专业知识，先后参加了一系列科创竞赛，一路走来，可谓实战经历丰富，然成绩却难以与众人启齿。服务外包、节能减排、"互联网+"首战与国赛擦肩而过，实有怀才不遇之感。然，于长夜辗转反侧之际，几经分析，才知晓，实属自身怀才不够，自负使然。于是摒其自傲，刻苦钻研专业知识，领悟到自身专业与数学这一学科关系之紧密，于是尝试着参加了一次数学建模竞赛，结果依然不尽人意。难道这是天生与科创之路八字不合？疑惑缠身，后与师长交谈："虽然我兴趣极高，但是否我不适合这条路，或是方法不对？”师长之教诲使此女印象颇深：“你还是心浮气躁，尝试了一次就泄气？”此女悔悟：急于求成定成不了大器。于是继续沉下心来读书。终于在年中有了一些成绩——美国大学生数学建模竞赛二等奖、五一数学建模竞赛二等奖、电工杯数学建模竞赛二等奖……“勿忘初心”似乎最能形容此时此女的心情。从最开始被数学所吸引，到最后为数学之美所折服——化繁为简，用数学建模来解决问题。其中，最难打的一场仗莫属于九月份的全国大学生数学建模竞赛——数学建模人眼中的顶尖赛事，三天总共只睡了六个小时，第一天对着赛题的茫然，心里也曾不安和慌乱，是否要选择放弃？但是看到一旁认真查找文献资料的队友觉得自己这想法着实可恨，“多少场硬仗都已经打下来了，切不可怯懦在终点上”——这句话一直激励着她，直至最后提交成品的那一刻。最后的成绩——省级一等奖也许已不是最大的馈赠了，而是这一年为数学而狂的日子吧。偶有一天整理多次以来的竞赛材料，感慨万千：自己也是趟水过河，不知深浅地这样过来的啊！之后的几个月，由于主持了省级本科生科研训练计划(SRTP)，她便致力于自己所学专业的研究了。在申请训练计划时也发生了一个小插曲——是选择心中所向与心中所念，还是更看重主流的发展与走向？面对抉择，此女最后做了一个勇敢的决定，选择了心中所念。（由于这次项目已经找好了队友和导师，方向也是自己想尝试的项目方向，便毅然决然地婉拒了有可能申请到的更符合主流与更具有潜力的项目研究方向。）

在求学的路上，会有很多有趣的事情发生，也会有很多的选择。但是人生从来都不是是非题，而是一道主观题，关键看你如何书写接下来的路。这一年，我不仅学习到了专业知识，而且磨砺了自己的品性。我有过迷茫，碰过瓶颈，也曾怀疑，可是幸运的是遇到了恩师和战友，并且找到了不曾放弃的自我。

明年之志，会射悬鹄。故事当然不会就此结束，人生的路还有很长，此女在此学府的时光还有一年余几月。在这匆匆一年间，她想做的，是把失利的仗再战一次，于是她提交了各项竞赛的报名表，像是部署了盔甲与利刃之后，安心地写下了这篇札记。

何为创新？是每一次狂热的头脑风暴，每一次理性的敢想敢做。变革与创新会造就青春活力，如果一味迂腐，一个人、一个民族乃至一个国家何谈进步？改革开放总设计师邓小平曾言：科学技术是第一生产力。时值我国改革开放四十周年，在全面深化改革的背后，年轻人应该行动起来，未来更多的四十年是靠新时代的青年人，青年人应该是有理想、有担当的一代。

最后，还是以茅以升先生的一句话结尾，此女想在几十年后，回首往事的时候，也能这样对自己说——人生一征途耳，其长百年，我已走过十之七八，回首前尘，历历在目，崎岖多于平坦，忽深谷，忽洪涛，幸赖桥梁以渡。桥何名欤？

曰奋斗。

获奖情况：

两次综合一等奖学金、两次利兹学院奖学金；获“三好学生标兵”荣誉称号、“优秀学生干部”荣誉称号；

全国大学生数学建模一等奖（省级）；

美国大学生数学建模 H 奖；

“电工杯”数学建模竞赛二等奖；

主持省级 SRTP 项目“基于室内场景的视频背景合成技术的设计与实现”。

成功源于创新

¤ 姓名：陈 韬　　¤ 学院：土木工程学院

创新与我们的生活密不可分，创新并不意味着惊天动地，也并非流芳百世，更不是腰缠万贯。创新就在我们的生活中、在学习里、在我们身边的点点滴滴。学习知识在有所思、有所感、有所悟之后，将其创造成新的事物，这是一种创新，对他人、对社会、于人类的创新。

作为21世纪的青年，我们是国家进步发展的源泉，是社会主义建设者和接班人。正如习总书记在十九大报告中指出的："青年兴则国家兴，青年强则国家强。青年一代有理想、有本领、有担当，国家就有前途，民族就有希望。"而创新则是我们当代青年必不可少的能力，是对我们的基本要求。

试想，在大学，如果我们的创新能力得不到培养和发展，那今后，当我们步入社会成为社会这部大机器的各部分零件时，我们只会一成不变地循规蹈矩，那人类社会这部机器将得不到润滑，得不到更新，逐渐老化，最终走向毁灭。

西南交大，这座历史悠久、英才辈出的巍巍学府，在青年与创新的交汇处积极地发挥着她的光与热，照亮了学子前进的道路，温暖了创新之路上苦无机遇的创客。我在最美的青春年华与她如期而遇，这是一种幸运，我紧张而又兴奋。交大人有五项重要品质，即"有能力，有责任，有品德，有健康，有朋友"，而"有能力"就包含了创新能力。

初次步入交大的校门，一切都是那样的新奇。在懵懵懂懂中，我尝试参加了创新类竞赛“新生设想家”。由于我是第一次参加这类竞赛，在毫无经验和准备不充分的情况下，结果可想而知，用两个字形容——惨败。第二学期，另一场盛大的竞赛——土木“科技月”，隆重登场。吸取之前的经验教训，我这次做了充分准备，结合自身情况，对此进行了多层次、宽领域、全方位的研究，最终选定了土木“科技月”中“桥梁承重”作为主攻项目。

正式比赛开始前，我需要一支队伍，这是最基础，也是最重要的。一支队伍的好坏直接关系到最终的结果，经过仔细甄别，我用各种途径，从全校范围里挑出另外两个人，一个是和我一样的土木男生，另一个是来自人文学院的女生。（俗话说得好，“男女搭配，干活不累”，而且我们之间也是能力互补。队伍的组建为应对多变的赛题和一系列繁杂流程包括电脑绘图分析等提供了全方位的支持。我们还联系了有获奖经历的学长给予理论支持和技术指导。）

比赛开始，制作模型阶段。在详细阅读赛题后，我们制作了摘要，提取了需要引起注意的重点，特别是桥梁的尺寸，然后是领取材料，明确提交模型和设计书的准确数值和具体时间之类的。材料每人一份，避免出现模型数据不符合要求的乌龙事件。我们对往届赛题和优秀作品进行了分析和对比，总结经验。

为了相互了解和提高默契，面对面的交流必不可少。我们在图书馆进行了好几次会面，相互熟悉，并且结合大家课余时间，制订了一个长期计划，确定了总体的时间安排，还保证在模型完工后有充足的时间对模型进行修改和完善。就模型的制作方法，我们进行了激烈的讨论。综合每个人的意见，结合学长的建议，再进行一些实验，最终，我们确定了一个切实可行的方案。经过大家一致同意确立方案后，我们就齐心协力开始行动了，发现问题没有抱怨不满，也没有出现因对方案有意见而中途放弃的情况。

接下来我们制订了详细到每个时间段的短期计划。进行明确的分工后，我们就进入具体实施阶段。计划实施过程中，对组内的每个人要进行行为规范，这样才能保障计划的准确实行，按期完工，确保每个人尽到相应的责任，保证公平。我们准时集合，约好手机断网，避免分心与消极怠工。有时我们也会带一些卡牌，增加娱乐性。这也让我们有了更多的时间去互相了解认识对方，拉近了心与心之间的距离。整个过程并不是一帆风顺，只有在真正的实践过程中，我们才会发现不足，不断完善方案。有几次为了按期完成任务，我们甚至去教学楼蹭光——宿舍晚上熄灯，做一个部件，熬到两三点。最终，我们按期圆满“竣工”。

初赛阶段，我们的模型不负众望，稳如泰山，没有因承受大量荷载而变形，毫无悬念地进入了决赛。决赛时，等待展示的心情是紧张的，但轮到我们的模型展示时，我从容不迫地走上讲台，进行答辩，偶尔还开个玩笑活跃气氛。在我心中，我们的模型获奖已经是铁板钉钉，毕竟在结构承重受力上它还游刃有余。可是突然，安静的赛场传来“嘭”一声巨响，这熟悉而又陌生的声音——之前加载失败的模型突然断裂就会发出如此声响，让我的心犹如沉入了深渊，身处酷夏的心却天寒地冻。脑子里回想着，“为什么，怎么会这样，明明已经试过，没问题呀！”我不想去相信这个失败的模型属于我们，不想去面对这样的失败。

短暂停顿了一下，我继续讲解PPT，算是给我们组的付出和努力做一个汇报总结。结束后，我立刻去寻找失败的原因，发现模型构件并未损坏，毫无问题，原来是部件之间用来黏接的AB胶被扯开了。可能经过几次模拟加载，AB胶的黏结力有些减弱。当时内心反复飘荡着“可惜！可惜！”我和同伴互相安慰着对方，约好再战一年。这也让我感受到了一丝温暖。

无论结果如何，这段经历让我感受到了创新背后的艰辛，领悟了成功的来之不易，明白了生命不能承受之轻。同时，我获得了一些成功以外的宝贵经验和知识，发现问题、探究解决问题的能力得到了飞跃式的提升。这使我步往成功的道路更加平坦，未来更加光明。更重要的是收获了两个知己，感受到了朋友的温暖与友谊的宝贵。

这段记忆是弥足珍贵的。整个经历对我而言是宝贵的、新颖的，是对新事物的学习，也是对已掌握的相关知识的一个系统性总结、梳理和应用，那个模型就是我和队友一起创新的成果。这对于我今后人生的影响也非同凡响，意义深远。在某种意义上而言，我已经取得了成功，在创新之路上迈进了一大步。这段经历使我在今后的数学建模、SRTP中取得了理想的成绩。如今，“创新”二字深深烙印在我的脑海里，将伴我一生。

获奖情况：

2016—2017年，获得明诚奖；
2017—2018年，获得综合奖学金三等奖；
2018年度土木工程学院运动会男子铅球第三名；
2018年第十五届五一数学建模竞赛三等奖；
“有YOUNG的军训”征文三等奖。

兴趣·专业·创新·梦想

¤ 姓名：陈宇帆　¤ 学院：交通运输与物流学院

2017年3月的一天，我收到了一位好友发来的微信："有兴趣参加SRTP吗，要不要组个队？"抱着试一试的想法，我开始收集相关资料，基于以往了解过的一些专业知识和行业发展动态拟定了初步的研究计划，联系了指导老师和其他组员，组成了"'高铁快运'运输组织优化"课题组，并获得了2017年四川省大学生创新创业训练计划的立项。这个课题历时一年，顺利结题至今也已有半年多的时间，回首参与项目的历程，我感触颇多。

这个项目自2017年5月成功立项以来，在一年的研究时间里，在教务处、学院的大力支持和指导老师的悉心指导下，我们项目组成员从"高铁快运"列车运输组织优化入手，认真阅读国内外文献，吸收前人研究成果，学习建模软件，细化研究方向与研究目标，着重对"全货运动车组车辆及配套装卸作业设施设备和仓库的改造设计""货运动车组装车排队模型建立与求解""'高铁快运'列车开行方案设计"等三个方面进行了研究，取得了一定的原创性成果。这些原创性成果主要包括全货运动车组车辆及配套货运站设施设备改造设计、货运动车组装车排队模型建立与求解、"高铁快运"运量分担率研究和货运动车组开行方案设计四个方面。

经过一年的科研项目锻炼，整个课题组成员有了许多收获。在学术科研方面，我们学习了现代物流学、运筹学、铁路货物运输、铁路行车组织、高速动车组概论、动车组技术、可变编组动车组设计、数学建模算法与应用等项目相关教材、专著，阅读了数十篇国内外文献，同时也学习了大量关于文献综述写作和科研论文写作方面的知识。通过对货物装卸排队过程、货物动车组列车开行方案进行设计建模和利用Matlab软件进行理论仿真，课题组成员对在运筹学、铁路行车组织、旅客运输组织等专业课中学习到的理论知识进行了充分的实践与应用，对所学知识有了更清楚而深入的理解和认识。在项目管理方面，课题组成员逐步了解了科研经费使用和报销相关规定，学习了如何妥善、经济、合理地使用科研经费。同时，课题组成员也在实践中逐步掌握了控制科研项目进度的方法和如何妥善安排专业课学习、科研项目和社会工作的时间分配技巧，工作效率和时间规划安排能力得到了提高。

通过对高铁快运运输组织相关国内外理论和新闻报道的学习，同时通过实地调查在德阳、资阳、南京等开办“高铁快运”业务的车站和地区，和对高铁快运相关流程的建模分析，项目组成员对我国“高铁快运”业务开办的现状和未来利用高速铁路网络优势，进一步扩大“高铁快递”业务办理范围和列车开行量有了新的认识和理解。

对我个人而言，我在这一年的科研经历中收获最大的是认识到了兴趣爱好、专业知识学习和学术科研三者的关系。作为一名交通爱好者，在大二下学期正式接触专业课程之前我已经对铁路运输组织的相关知识有了初步的了解，因此在项目开题的过程中我可以根据中国铁路运输发展现状找到研究目标，并用更加准确的语言在开题申请书和开题答辩时对拟定的研究内容进行表述。但是在研究过程中，我逐渐认识到学术研究不等同于通过兴趣爱好所了解到的知识。作为一名工科科研人员，在关注事物发展的表象和动态的同时，更应该深入研究其背后的成因和运行机理，建立相关的模型，再从中找到优化和解决问题的方法。只有这样，我们才能真正地将对专业的兴趣爱好转变为实实在在的科研能力和专业素养。

总而言之，在为期一年的研究中，我得到了科研能力、专业素养、实践能力、项目管理能力等多方面的锻炼，受益匪浅。在此，我也想再次感谢学校、学院、指导老师给我们提供的支持和帮助。课题组石红国老师的QQ签名写道“继续做学问，做到99”，这对于我而言也将会是一个持续的动力，激励我在日后学习工作的各个阶段都不忘科研初心。同时，我也希望这个项目的部分研究成果，可以为我国“高铁快运”事业的进步，为铁路货运向现代物流企业转型和铁路现代化事业提供有益的参考。

获奖情况：

2018年全国大学生英语竞赛二等奖（省级）；
获得四川省大学生综合素质A级证书;
多次获得优秀学生干部、综合奖学金等校级奖励。

我的科创之路

¤ 姓名：程驰尧　　¤ 学院：交通运输与物流学院

光阴荏苒，进入交大已是第三个年头，一路走来，也算是大大小小参加了一些科创比赛。从一开始的懵懵懂懂，到后来的镇定自若，尽管结果并非尽如人意，但我认为，我在这个过程中的所得所获，远超过比赛本身，甚至将令我的一生都受益无穷……

出师未捷——“新秀杯”数学建模

是什么时候有了“科创”这个意识呢？没记错的话是大一“新秀杯”数学建模大赛吧。在大学之前鲜有竞赛经验的我，在一帮学长学姐“数学建模是我们交大一大特色”“这个比赛还是很容易拿奖的”“竞赛拿奖可以加绩点”……诸如此类的“洗脑”下，开始了大学生涯的第一场科创比赛。

下定决心后，我面临着第一个难题：找队友。那会儿我还是有些自卑，觉得自己成绩也不算太好，也不会一些编程方法，甚至还没有接触过Matlab，怎么会有大神愿意和我组队呢？而且，我脸皮薄，也不太好意思主动去“抱大腿”。当时学校流传一种组队禁忌：和同性别的人组队，和同专业的人组队，和同寝室的人组队。然而，没有队友人选的我，只能选择一条最黑暗的道路——同寝室三个女生组队，把三个禁忌占全了，还美其名曰“三个臭皮匠赛过诸葛亮”，没准儿我们就是传说中的黑马。

队里都是建模新手，而且那会儿我们还没有参考优秀论文的意识，全靠自己的一腔热血在摸索。那是非常煎熬的几天，毫不夸张地讲，别人建模靠的是软件，我们建模靠的是手算。故而此次建模以惨败告终，也可以说是在意料之中了。

再接再厉——“日日顺”物流创客大赛

虽然上一次比赛失败了，但我从中发现了自己的不足，也悟出了一个道理：不要报有依附别人的侥幸心理，只有自身强大起来，才是硬道理。于是，我开始阅读一些比赛论文，并开始了一些编程软件的学习，准备下一次比赛再战。

值得开心的是，在正视了自己的不足之后，我的学习成绩有了一定的提高，在找队友方面不会再出现“我可能就是一个拉后腿的”的自卑心理了。很快，第二次比赛来了——“日日顺”物流创客大赛开赛了。不同于上一次的数学建模，这一次比赛的重点是创新设计，也就是创意。在确定选题后，我们组准备设计一个全新的冷链自提柜，并设计相应的建设点位与运输路线。我负责的任务是绘制出冷链自提柜的外观与其操作流程的动画。

值得一提的是，我绘制的自提柜在答辩的时候被评委老师给予了较高的评价，取得了不错的成绩。我很开心，觉得自己那几天的夜没有白熬，这种通过自己的努力获得认可所带来的成就感和喜悦感真的是难以用语言来形容的。要知道一开始我甚至都不知道该选择什么软件来开展我的工作。

意料之外——“马钢杯”物流设计大赛

“马钢杯”物流设计大赛的开赛可以用突如其来形容。作为物流专业最高规格的比赛，它的举办时间一直都没有定下来，而就在我们以为这学期不会举办了的时候，它就如一颗炸弹突然被引爆了，一系列事项安排炸得我们有些发懵：初赛赛程总共10天，以个人赛的形式参赛，进而选出20人进入决赛，通过答辩进一步筛选出最优秀的10人代表学校参加国赛。说实话，在看到赛程时，我内心是有些犹豫的。首先是报名的人真的很多，我觉得出线的希望很渺茫，其次是比赛的时间接近期中，我需要完成的事项包括课程设计大作业、党课考试等几个大任务，时间很紧。但同时，我的内心又有另一个声音在说：如果连试都不去试，那才是真的懦弱。于是，抱着尝试的念头，我报名参加了比赛，开始了“手忙脚乱”的战斗历程。

时间紧张，在确定了赛题之后，每天抓住一切空闲时间查找各种资料，并将它们整理成档，然后理出自己的思路。也就是在这几天，我看着身边和我一起报名参赛的室友们逐渐放弃比赛，表示要过“佛性”的生活。对我而言，有想过放弃吗？当然有，而且还不止一次，但只要一想到自己已经投入了那么多的精力，我就一遍遍地告诉自己，坚持下去，不要给自己留下遗憾。终于，紧赶慢赶，在结题前10分钟，我交上一篇花了自己很多心血的报告，且可以很无愧地说：这是我最大限度能完成的成果了。

结局是令人欣喜的，我成功进入了决赛。虽然没有进入决赛的前10名，但在经过评委老师的提问点评以及看了那些晋级同学的方案过后，我觉得自己输得真的不冤，也对赛题有了更深的思考和认识，这又何尝不是一份巨大的收获呢？可以说，我真的是非常开心了。

正视科创——我的感言

回想起自己参加过的那些比赛，一幕幕画面从眼前闪过：组队时的小心翼翼；与队友为一个问题争得面红耳赤但又不肯轻易认输时的倔强；熬夜准备比赛和答辩资料时的执着，第一次上台答辩时的紧张和语无伦次；被评委老师的问题问得哑口无言时的慌乱……可以说真的是辛酸与快乐并存啊。

坦白来讲，每一次报名参加比赛之时，好胜心是占据大头的，参赛了就想拿奖。但在之后的比赛过程中，可以说是真的忘了那些杂念，而就是把它当成一次挑战，一心只想设计出最好的方案，使问题能够完美解决。虽然结果并不都完美，但在方案设计完成的那一刻可以说真的是很有成就感，感觉自己所花费的时间和精力都没有白费。对我而言，这份由坚持而带来的成就感，远远超过了比赛本身，也可以说是我在科创这条道路上最大的收获。

对我而言，如果选择了科创这条道路，就意味着决定去挑战困难。而在这个过程中，你可以找到无数放弃的理由：对手太强、选题太难、没有思路……但唯有坚持下去，你才有获取成功的机会。故，既然选择了，就不要退缩，不要放弃，坚持下去，成为更好的自己。

获奖情况：

“百蝶杯”物流仿真设计大赛二等奖（校级）；

“马钢杯”物流设计大赛三等奖（校级）；

三等综合奖学金2次，二等综合奖学金1次；

获得“社团优秀个人”称号。

无悔青春，最美科创

¤ 姓名：寸聪瑞　　¤ 学院：生命科学与工程学院

我是一个从小就有着科研梦的女生，填志愿时我满腔热忱地选择了一个可以泡在实验室，与仪器试剂、瓶瓶罐罐打交道的专业。依稀记得，那时的我对大学的憧憬是美好又充满激情的，因为上大学意味着我将体验不同于高中的真正独立的实验操作。

初入大学，我从学长学姐口中了解到很多关于科创竞赛有趣的事情，也开始积极地为之准备着。找队友组建团队，了解导师的实验室、大致研究方向，从而选择我们感兴趣的导师进行联系沟通。因为我们的准备工作开始得比较早，所以前面的这些流程完成得很顺利。第一次和导师面对面交流，让导师对我们这个小团队的特点、属性有了大致了解。除此之外，这次见面，导师重点介绍了我们即将开展课题的背景知识，并交代了一些需要我们在进入实验室之前完成的任务。

前期的文献调研，让我这个科研新手了解到，“有问题找度娘”只适用于生活日常。对于专业方面的知识，我要学会使用知网，学会充分利用学校图书馆提供的数据库，从文献的海洋中，精确定位到那些真正对我们研究的课题有帮助、有参考价值的文章。有中文文献，也有英文文献，需要我们真正花时间、花精力去弄明白的部分，要做好笔记，以备后期的使用。而这对一个刚接触部分专业课的我们来说，并不是一件轻松的事情。有些模块还需要我们查阅更多的文献资料才能弄懂。当然，遇到实在解决不了的地方，我们可以请教导师。

这是一个不断解惑的过程，更是将所有知识串联起来扩充我们专业知识储备的过程，让我们从一头雾水、一知半解到逐渐充满自信，对所要开展的研究有了一定的了解。因为足够充分的准备，在SRTP立项答辩时，我们成功申请到了国家级SRTP的名额。

当然，所有的书面理论都将见之于实践。在导师交代了进实验室的一些注意事项后，前期还有点放不开、畏手畏脚的我们，终是在一周多则三天，少则两天的锻炼下游刃有余。然而，正如我们对科创的第一印象，困难与失败总是接踵而至，并非易事。我们乘坐校车往返于犀浦一九里，周末、节假日都会泡在实验室，甚至早上做实验，中午再赶回犀浦参加英语六级测试。因为实验的操作步骤比较多，所以我们小组除非特殊原因都是全员参与的，这样便于我们分工合作，缩短完成一个实验所需周期。但是，收获甚微，我们需要考察各因素对实验主体的影响，通常需要两周的时间完成对一个因素的考察，而检验实验成功与否是由最后跑高效液相色谱仪结果显示。经历了整整三个月总是失败的阶段，我们前期积累的自信严重受挫。记忆犹深的是，当时已临近期末，在前一次实验失败后我们和导师仔细讨论了失败的原因以及实验过程中可能存在的一些问题，算是找到了症结。因此接下来的新一轮实验，我们做好很晚才能回犀浦的准备，不慌不忙、十分严谨、精细地完成每一个步骤，最后的结果显示我们还是失败了。校车已经没有了，只能打车回去，途中还下起了瓢泼大雨，前方能见度很低。不知道是不是天气的原因，我们更加难过于实验的毫无收获。

接下来我们通过与导师沟通，决定先暂停实验，再进行一次文献的查阅和整理，并结合前期实验所记录的现象和问题进行纠错。这个阶段，在导师悉心地指导下，我们弄懂并学到了很多东西，发现了很多问题，整理了很多实验中可能出错的步骤。功夫不负有心人，再一次开始实验时，结果有了很大改善。不断改善操作和条件，我们得到了很好的实验结果。当方向、方法正确以后，我们发现要取得预期的实验结果，只是操作水平的精确度和时间问题。

因为我们小组在立项前就已开始了对课题的研究，所以在中期检查时，我们的实验研究部分已全部完成，并开始着手写论文了，成为当时课题完成度最高的两组之一。因为我们的目标是在中文核心期刊上发表论文，所以还有很多知识需要学习，诸如论文的撰写、格式的修改、数据处理软件等。任务依然繁重，我们也遇到了不少问题，论文发出去以后，因为格式、图标的制作等问题被打回来修改了好几遍，最终我们的论文被中文核心期刊《天然产物研究与开发》收录。在终期答辩时，我们成功被评为结题优秀组，并被教务处推选至省上参加第十一届全国大学生创新创业年会的评比，虽然最终没能成功入选，但这已经是对我们一年多努力付出的肯定。

回顾三年来，其实我参加的科创竞赛并不多，好在少而精。我还参加了全国大学生生命科学竞赛，取得了三等奖的不错成绩。之后我便一直留在学院的天然药物化学实验室实习，没有课的时候就去给师兄师姐们打打下手。这是我目前认为做得最对的一个决定，虽然没有了玩耍的时间，但是我可以提前适应研究生的日程工作。在师兄师姐们的带领下，我也学到了不少东西。

了解我的人都知道，对于实验室里一些精巧的仪器，我总是毫无抵抗力。这就是我，有着小小科研梦的我。这就是我走过的科创之路，它还比较短，我希望在未来能将它越走越长，越走越宽。

获奖情况：

全国大学生生命科学竞赛三等奖；

国家级SRTP结题优秀组；

四川省化学实验技能竞赛校内选拔赛二等奖；

获得国家励志奖学金、三等综合奖学金3次；

获“三好学生”、校级“优秀毕业生”“优秀学生干部”荣誉称号2次，“优秀共青团干部”荣誉称号2次。

第一个我

¤ 姓名：邓嘉浩　　¤ 学院：经济管理学院

诞生

四月的成都寒意残存。

我坐在图书馆的阳台上，风中夹杂着堤岸杨柳的气息，欢快地与我接触着，不时又消失得无影无踪——我不禁感叹着造物主的巧妙手法。

阳台的一边，四个青年正激烈地争论着。每一个人都谈论着对我的想法，却又被一一否认。严肃的气氛在空气中凝固，与这一派美景显得格格不入。

从他们口中，我似乎听见“国创”“模型”等词汇——虽然我从未听说，也毫不理解其中的含义，但我能够清楚地感受到言辞间的火花，它源于灵感的碰撞，眼前浮现出的，是千万种可能的未来。

这样的争论，持续了好几个星期。但随着每一次争论的结束，他们似乎都拥有新的进展。我逐渐被填满色彩，变得立体。

眼看我的气息愈发强烈，焦虑与期待也与日俱增——不知未来的我，将以怎样的形态宣告诞生呢？不知我的诞生，会给他们带来怎样的故事呢？日复一日，我思考着，眼里也总在这时含了笑意。

终于，我拥有了最初的形态，虽然缺乏丰满的血肉，但这确是一种新生。

在无言的宣告之中，第一个我，就这样诞生了。

记得那天下午，他们在我身上写下“国创”两个醒目的字眼，用坚毅的目光注视着我。我被攥在浸满汗珠的手心里，传递到老师手中。

七天的等待之后，他们成功申请到了省级科创项目。虽然和预期存在一定的差距，但四个青年仍无比兴奋，更对我充满了无尽的期待。

之后的几个星期，他们不知疲倦地谈论着关于我的规划——还是在那个春风拂过的阳台。大雁成群结队地飞过，发出阵阵声响，似乎是在迎接着初夏的来临。天边的烈火燃尽了最后一丝严寒，淬炼出重生的万物。于生命而言，每一种形式的诞生都值得喜悦，因为它们都承载着迸发的思绪、灵感、挣扎，还有向往。

成长

不经意间，秋季就挥手告别了，万物进入了休眠的季节——除了刺骨的寒风。它们透过窗户间的缝隙，如洪水般灌进楼道里，拍打着每一个人的脸颊和手背。

每天早上八点，他们都会准时聚集在教学楼过道的桌旁，从未间断过一天。倦意清晰地刻在每一个人的脸上，如约而至的寒风却又让他们再次清醒。一个半小时的讨论，每一秒都不容浪费，因为九点半，就是下一堂专业课。

风将他们的手吹得通红，方才滚烫的豆浆已捂得冰冷。他们缓慢地敲打着键盘，将手中仅存的余热全部存放在我的血液之中——严寒将一切都凝结了。

终于有一天，他们在压抑中爆发了。

“为什么大家都这么沉默呢，倒是多说话啊，恐怕谁也不想每天早上在这吹冷风吧。”四人面面相觑，处在瓶颈期的他们，只能发出一声叹息。

第二天清晨，他们又照常聚集在桌边，谈论着数据和模型。

日子就这样一天一天过去了，我见证了他们每一次的争吵，每一次的欢笑，一言一语，都给我带来新的生命。我深深地知道，我的成长，注定举步维艰。至高无上的殿堂，若没有血汗缝合的砖瓦，无以矗立于脚下的土地。虽时有波折，但他们仍为我的成长而努力坚持，那份坚持源于对我的期盼，回馈着每一个难眠的日夜。

未来

新年伊始，他们又开始了新的探索。二月，在爆竹声中，四位青年祷告未来的愿景；三月，他们进行着最后的冲刺。如今的我，已今非昔比，一个完整的生命形态俨然定格在众人眼前！

一年前的四月，他们穿上西服，笔直地站立着，介绍着他们的思考和规划；一年之后，他们站在同一个讲台，身着同样的服饰，描述着我诞生和成长的历程，只是眉宇间又多了一份自信和坚定。

言毕，他们深深地鞠了一躬，也不由松了口气，仿佛卸下了背负一年的压力和苦累。但眼神中，分明又含着不舍的神情。

台下一片掌声，窗外的春风闻讯而至，串着声声赞美悄然走了进来，还携着一丝杨柳的清香——似乎是从一年前的堤岸拂来。

答辩结束后，他们一同走在前往餐厅的路上，说着，笑着，脚步轻松而欢快。

暮时的晚霞慷慨地将殆尽的光辉洒向世间万物，如同他们毫无保留地将成长的迷惘和喜悦深深地埋藏在我的血液当中，任它无尽地流淌。

这便是我所有的故事。

我伴随着风声诞生，又顺着一缕清风走向未来，我与风每一寸的接触，都记录下成长的喜悦和不易。于他们而言，我，仅仅是第一个我，往后的时光，还会诞生无数个我，因为未来的路，永远都不会有尽头。

四月的春风，严冬的寒风，跟随着年轮的跑道，从远古，奔向未来。这是大自然最完美的馈赠，也是对成长最好的赞礼。

后记

今天是二〇一八年十二月二十二日，在此忆起一年前的故事，感慨万千。

还记得一年前的今天，我们四人正坐在教学楼过道的椅子上讨论着数据和模型。那时我们正处在瓶颈期，亟待攻克的正是论文中最关键的部分。每一次沉默与爆发之后，我们又相互打气，一起度过了最艰难的日子。最终，我们完成两项科研成果，顺利结题。

“第一个我”只是开始，我见证着它从诞生走向未来，它也见证着我的成长。未来不知还会经历多少严寒困苦或春风得意，只是无论何时何地，都要保持清醒。不忘初心，砥砺前行，这正是我所收获的最宝贵的财富。

愿共勉。

获奖情况：

2016年11月—2018年11月，代表经管学院参加西南交通大学网球院系赛，获季军两次、亚军一次；

2017年04月—2018年04月，主持省级SRTP项目“分享经济下网络信贷平台模式比较及优化研究”，同时完成子课题“P2P网贷第三方担保模式运营风险研究”；

2017年12月，获西南交通大学明诚奖；

2018年01月—2018年10月，发起并完成一项科研成果《关于区域产业发展差距的文献综述》；

2018年05月，获“优秀共青团干部”荣誉称号。

未曾熬过长夜，不足以语科创

¤ 姓名：丁 浩　　　¤ 学院：土木工程学院

很喜欢舒婷的一首诗："先行者是孤独的，他们往往没有留下姓名。只留下歪歪斜斜的脚印，为后来者签署通行证。"这是舒婷献给她的同代人的，更是科创人的真实写照：路漫漫其修远兮，吾将上下而求索。

我的科创之路从大一土木"新生设想家"开始，到大二的"全国大学生数学竞赛"。我也曾像无头苍蝇乱撞一通，也曾像迷失方向的小鹿，不知道自己真正要去的地方在哪里……我走的路不多，但却摔过不少跟头，有较多的感触。

科创，关键在一个"创"字。老话讲："道在日新，艺亦须日新。"再老的话讲："事不凝滞，理贵变通。"科创路上，我们要向前人请教经验，所谓"前车之鉴"是也。但是这不意味着被前人的观念束缚。记得刚上大一的"新生设想家"比赛，我由于是第一次参加大学比赛，所以几乎所有的事情都去请教了学长学姐，最后直接将学长以前的模型稍加修改就交了上去，结果也就可想而知。希望第一次参加科创比赛的同学不要为自己持独特看法感到害怕，因为你现在所接受的常识，都曾是前人的独特看法。"路是人的脚走成的，要敢于探索，即使走错路，也不要紧。"科创之路亦是如此。

苦难或是幸福，就像雨或雨声一样，要想聆听诗意的雨声，就得任雨弥漫天空，并认真体味雨的寂寞。曾经我们党支部召开了一次和优秀学长面对面的活动，其中有一个学长连续三届拿到了我们学院科创比赛的第一名。我印象最深的一件事就是他说自己每次做模型时，没有一次是凌晨1点之前休息。你总是一眼就注意到别人的光鲜艳丽，羡慕人家拿奖拿到手软，可是却没看到那无数长夜下的挑灯奋战。生活就像水里的天鹅，表面上都从容淡定，殊不知需要在水底下拼命地划水。要想好生活，就得拼命划，优雅是需要底气的！

今年下半年参加数学竞赛，我一个人抱着一本竞赛书连着研究了两个月，可是最终成绩很不理想。那段时间我整个人就像树叶，在秋雨的飘零中蔫掉，无奈又无助地下坠。有天晚上我从图书馆出来，在路上一个小姑娘靠在自己男朋友的肩上呜呜地哭，我从旁边擦肩而过，只听见姑娘委屈地说："为什么我付出了那么多却一点回报都没有？"那语气像在质问，更像是自言自语。那一刻我突然意识到，此时此刻，有许许多多的人正在和我一样迷惘着，正在无边无际的黑暗里摸索着，而这不正是科学研究的过程吗？不知道自己的付出会不会有收获，但是依旧会坚定不移地走下去，行我所行、无问西东。

人是免不了要遭受挫折和痛苦的。罗素曾经说过："须知人生的千姿百态，乃是幸福的本源。"如果我们的生活总是那样的一帆风顺，一点波折和跌宕都没有，就像一首歌，如果只是同一种调调，那又有什么美感可言呢？

我没有参加过建模竞赛，但是，我从身边的朋友那里深刻地意识到了科创过程中团队的重要性。纪录片《西南联大》中，在中华民族最危急的时刻，中国最杰出的一批青年人不约而同地来到昆明，来到联大。他们强强联手，钻研学术，探讨民族出路。没有一个好的团队是不可能做出大的成就来的。拿建模来说，需要有人擅长编码，需要有人建立数学模型，需要有人整理论文……几者互为补充，缺一不可。就好像枪虾和虾虎鱼，就好像鳄鱼和牙签鸟。在学校参加科创大多数同学在组队的时候只是着眼于自己的寝室，凑够人数就好了。我觉得，可以着眼于学校，找不同专业的同学组队。既可以增进友谊，又可以互相取长补短，何乐而不为呢。

以前在书上看到过一句话："要想把地面上的事物看得清楚，就要和地面保持距离。"要做到既能够进入问题中，沉下心来，坐住冷板凳；又要能够从问题中把自己解脱出来，从更高的维度来思考。就像苏才子曾经吟道"远近高低各不同"。这样，创新也就自然而然流露出来了。

如果说大学生活是一艘远航的船，那科创的经历就是帆。我们不能把人生之船长期停泊在某个温暖的港湾，而应重新扬起风帆，驶向生活的惊涛骇浪中，以领略其间的无限风光。

亲爱的朋友，人生某些关口非狠狠地奋斗一下不可，不能为了混口饭吃而蹉跎了幸福。愿你在科创的路上素履以往，一苇以航。

个人经历：
现任学生文化发展中心礼仪队副队长，平时喜欢读书、看电影、打篮球。

醒来即是科创前路

¤ 姓名：方姣棱　　¤ 学院：茅以升学院

从我走进青春这场梦里开始，就已经开启一段旅程。多少人的青春里，多少人的年华中，都少不了创新奋斗的历练。纵使岁月如梭，光阴似水，也依旧散不尽那一腔勇往科创的热情。于我，亦然。

或许，我是一名计算机编程人员。怀揣着十万分的激情，我报名参加了全国大学生“互联网+”创新创业大赛。赛场上，我是掌控者，是操作人，唯有探索出计算机里的新世界，开辟出互联网中的新天地，方能得之所成，出类拔萃。我和志同道合的同伴埋头苦究，眼前是一行行令人缭乱的代码，脑后是一个个奇思妙想的创意。白光下，只见因苦思冥想而日渐皱起的眉头；夜色里，空留因沉沉倦意而隐隐飘散的眼眸。日月更迭，星云变换，一滴一点积累，一步一履努力，终将成就数字世界里的辉煌与荣耀。我坚信，创造出专属于我的独特互联网+技术并不是梦中渺茫。

或许，我是一名机械工程学院学子。凭着自己较强的执行运用能力，期待在机械创新设计大赛中留下自己的足迹。机电馆里一双双求知若渴的眼神，实验室里一个个认真细致的身影，都见证了作为一名机械工程学院学子的追求和梦想。在有的人看来，机械，或许是简简单单的操作维修，或许是平平凡凡的机电构造，但于我而言，机械即科技，机械即创新。它可以微小，但绝不普通；它可以不惊世骇俗，但绝不平平无奇。就像小中见大，大中寓小，总有其用武之地和关键之处。机械运用于生活中，无处不在，无时不用。我所理解的科创，是执着于每一个机械部件，雕琢于每一组机械工程。我所理解的创新，大抵就是对于机械构理的那份热爱，对于机电组件的那种无畏和坚持，在千篇一律中找特点，在平淡无奇中寻别致，这就是科创之路。

或许，我是别人口中的数学天才。将文本里令人烦闷的数字转换成现实中立体的数学模型，对我来说不是问题。参与数学建模竞赛已经习以为常，每一次熬夜赶图，每一次挑灯建模，都在竞赛中展出的那一刻得到最好的回馈，都在观赛者眼底泛出那一抹欣赏时收到最完美的报答。数学建模里的创新说难不难，说易不易，但却是最容易吸引眼球、最容易展露自身才华的。化数字为图案，变图案成模型，无时无刻不体现着一个人的思维想法。在建模的过程中，我认为做好创新的首要因素是具备逻辑转换能力和空间想象能力，善于将抽象的数字或者文字具体化，将平面的线性的图型空间化立体化，且融入细节上的巧思妙用，就是最大限度的创新和突破。我想，数学创新，应该是科创这条艰辛道路上似乎不那么困难的关卡。

或许，我是电子信息学院或者电子信息专业方面的人才。徜徉在电子信息世界里，就像沉浸在书海知识里一般沉醉；熏染于数据化字库空间中，就像陶醉在趣事逸闻的讨论中一样。各类电子设计竞赛里，少不了我这样的人，也需要专业人才一展拳脚。说到电子设计，大多数人会将它和上文所提到的互联网+联系起来，这二者自然是同根同源，都是以互联网、电子信息为基础展开的延伸；但又有很大程度的不同，电子设计上的创新，必须用电子信息作为整个过程中的依托和承接，而互联网+实际上只是以互联网作为一个过渡的工具或者说桥梁，所以说，二者的创新方向其实是有很大区别的。要想真正做好电子设计上的创新，对电子语言、电子绘图等操作技能必须有很高的熟悉程度，并且有一定程度的研究和深入挖掘，走好每一步都显得至关重要。电子设计和服装设计有异曲同工之妙，创造性是先决条件，自身规则是内部体制，严谨踏实是后期保障。总而言之，电子设计方面的创新道路是泥泞曲折的，但只要走好至关重要的每一小步，最终成果依旧是可观的。

或许，我是建院学子，是设计馆精英。面对即将到来的结构设计大赛，寻找创造灵感，发挥专业所长；在校园的一草一木、一石一砖上有所探寻，在优秀的设计成品、结构造理上有所作为，方可得之有感。

又或许，我是交运王牌，在专业知识的牵引下，琢磨交通运输与物流的奥秘，并在物流大赛中博得众彩。参观新型磁悬浮列车运行，模拟高铁驾驶员操作，走进实验室感受别样的交运气息和物流氛围。周而复始，昼夜相继，物流更新，科创亦永不停歇。

SRTP，国家创新型实验项目此起彼伏。小组合作，创造项目雏形，提出富于个性的想法并付诸实践，分工协作，各司其职，将合作共赢发挥到极致，将新颖的项目筹划安排到精细无差，这便是我心目中一次成功的科创项目。

梦尽，吾醒，发现自己什么也不是，发现自己还什么也没做。但我的科创渴望不会消散，科创热情亦不会磨灭。这大抵也是所谓青春智慧的凝聚，创新梦想的成就之真谛吧。

科创论

¤ 姓名：郭东博　　¤ 学院：茅以升学院

交大为学之期，业已四载。戊戌年冬月十九，逢征稿截止之日，天大寒，东博为此拙文。凡此千言，念兹在兹。捧一汪镜湖水，怀一轮犀浦月，饮一杯峨眉雪，记一段犀浦情。

夫建模者，交大盛行之风也。会建模协会招新之际，宣讲之时，可堪学坛盛况，文海殊景。学生得讯以往，抱憾而还，因其所见者，风从虎，云从龙，人从众，实难睹国奖师兄之天颜，学姐之花容，唯有蒙特卡洛、马尔科夫、朗格拉日之名不绝于耳。新秀伊始，无所适从，是岁始觉有江郎才尽之意。逮奉恩师指点，得初入其门。学生迷惘颓然之际，所幸得二友而成一队，瑞煦勤勉，琢磨写作之技法；锦燊笃实，研修编程之奥义，学生得以徜徉其中，竟以三年为期而成国奖，实难料也！

遥想国赛当年，怎堪回首？豪气冲天，选题目也；焦头烂额，建模型也；辗转反侧，思算法也；面如死灰，敲代码也；形如缟素，改论文也。雷霆乍惊，交成果也。三人相对，欣然而笑，喟然而叹，竟不知东方之既白。整三年，赛八番，所斩国奖一，省奖五，校奖二。有学弟欲寻建模之要，皆笑曰：“无他，但手熟尔”。

夫交科者，交运士子之情怀也。其得奖少，赛程长，加分低，学生之公论。然历年仍有莘莘学子素履以往，甘之如饴。自吾等报名至尘埃落定，计百二十天。赵军吾师，亦师亦友，率我等亲赴成都北三十里之城厢，翻站台，越股道，至线路之尽头，以得现场之况，以解应用之急。景腾、吴锋、李栋诸兄，去年已夺殊勋。此番再战，非所谓得奖评优之论，乃兴趣使然。既无功利之心，则肯全情投入。模型繁琐，四修其形以求变；答辩枯燥，三易其稿以求新。人聚五位，凝全队之合力；辩答三轮，斩交大之头名。此番再战，虽折戟于国赛，然既赴全力，又何以有怅然之悲？

学生之于科创，尽心焉而已。三载科创，可为吾师矣。学生所深悟者非所谓公式定理之属，乃为学之道，求学之本。吾以为本科科创所赖者，唯志与力耳。若无登峰之志，必难成造极之果；若无致远之力，必难入超世之境。吾见所谓建模、交科之流，报名者众而完赛者少；喧嚣者众而静气者少。模型繁杂，谁欲弃而寻逍遥；代码枯燥，谁思退而得解脱。此皆常情，所幸吾等一以贯之，卒获有所得。

科创，所求者何？加分欤？评奖欤？加分评奖，一时之效非一世之功也。论文欤？专利欤？论文专利，本科之果安能于硕、博等而论之？合抱之木，生于毫末；九层之台，起于累土；千里之行，始于足下。学生以为，本科之科创，在养严谨之气，育创新之魂。此风日盛，则国之复兴可计日而待也。遍观交大诸生，皆负可致之才。较之竢实扬华之贤者，我等唯心不若其专，唯志不若其高，唯力不若其久也。逮为学心正，为文笔直，则世之殊荣自当水到渠成，纷至沓来，岂需沽名钓誉，欺世盗名耶？

吾深以为学生与学生当以同道为朋，同业为友。吾因科创竞赛得颇多挚友。竞赛之中不同往日，言辞态度或温婉，或诚恳，或严厉，或急躁，足以见人之喜怒哀乐。使迥然不同之人聚于一堂，与之修身，则同道而相益；与之研学，则同流而相助，科创相连，以成其用，以尽其才。逮他日相逢，把酒言欢，且叙当年旧事，以图一醉，岂不快哉！

犀浦之景，有非科创而不能得者。二教五教，逢竞赛而万家灯火；南区北区，遇建模而复印纸贵。凛凛朔风，吹梧桐而落孤影；飘飘梅香，沁修竹而动犀安；悠悠苍天，薄情长而念旧者；皎皎皓月，寒路远而思归人。虹桥卧波，月下几人归南北？浙园流星，风起无处问西东！

何其幸哉，生逢其时。凡此四年，若无恩师提点，以学生之天资安能至此？东博顿首再拜王璐、赵军、张杰诸师，再谢瑞煦、景腾、锋、栋诸兄。

四载韶华，一段故事；凡属过往，皆为序章。此身无悔入交大，留得雁塔题微名。吾等此间事了，且看山河围城，星月澜洲。唯愿诸君前程锦绣，百事功成；愿我交大薪尽火传、桃李天下！

获奖情况：

2017年，全国大学生 Mathorcup 数学建模挑战赛二等奖（国家级）；
2017年，第十四届五一数学建模竞赛一等奖（省级）；
2017年，电机工程学会杯数学建模竞赛二等奖（省级）；
2016年，五一数学建模竞赛二等奖（省级）；
2016年，全国大学生数学建模竞赛三等奖（省级）；
2018年，西南交通大学交通科技大赛一等奖（校级）；
2017年，西南交通大学土木科技月桥梁承重一等奖（校级）；
2016年，西南交通大学数学建模竞赛二等奖（校级）；
2016年，西南交通大学物理实验竞赛三等奖（校级）。

我的科创之路

¤ 姓名：韩鑫明　　¤ 学院：机械工程学院

我叫韩鑫明，2016级机械工程学院工业工程专业本科生，一个从高数30分走向国家奖学金舞台上的大男孩。

大学至今我多多少少参加了一些科创活动，这其中有国创、省创的科研项目，同时也有自己本专业的相关省赛和国赛项目，这些科创项目大多源于自己的兴趣和热爱，并且基本上都是一个团队为了梦想而共同拼搏着。但是有一个比赛，我参与的初衷是为了证明自己，为了证明自己所走的路。这个比赛就是刚刚结束不久的全国大学生物流设计大赛校赛。

这并不是全国性的比赛，而是一个校内的个人选拔赛，可它对我来说却有着巨大的意义。工业工程专业一直以来在机械学院内是一个认可度不怎么高的专业，并且长期备受争议。但我始终认为任何事情都有自己存在的价值，工业工程这个专业也一样。物流是我们专业所涉及的一部分，因此当我看到这个比赛时，我就下定决心想试试看。

收到比赛相关通知的当天我就提交了报名表。虽然报名以后到比赛正式开始的赛题公布还有很长的一段时间，但从那天起，我已经全身心地投入比赛的准备之中。我开始每天去图书馆借阅书籍，更加细致地学习物流领域的相关知识，在知网上查阅相关的论文。为了对物流有更细致的理解，我还与物流专业的学长学姐进行多次交流，希望可以获得更加深刻的理解。在比赛正式题目公布的前一天晚上，我自学完成了3本书，看了20多篇核心论文，了解了物流的相关概念及主要思想，并尝试利用Matlab软件进行有关模型的编码求解。

完成这些任务后的第二天下午6点，终于等来了题目发布。整个案例加题目足足84页，我花了将近2天的时间去详细地了解赛事的合作企业——马鞍山钢铁厂。无论是材料本身还是网络上的有关信息，我都很认真地筛选、记录、总结。对于大赛所提出的14个案例问题，我进行了细致的阅读和对比分析，最终确定自己的主题为江海运价指数的数学模型。在此之前，我并没有建模比赛的经验，很多建模的软件也是在刚刚过去的暑假才有所了解和学习，考虑到物流知识与交运学院的同学们存在一些差距，我最终选择了这个以数学模型为核心的案例作为自己的竞赛题目。

做的过程中，问题接踵而至，每到一个新的环节都有着不小的阻力。这中间我也有过放弃的念头，毕竟一个人比赛，身后没有队友，所能依靠的只有自己。“穷且益坚，不坠青云之志”。正所谓最困难之时，就是离成功不远之日。有看不懂的名词我就去搜索百度和维基百科，理解不了的逻辑我就去看网课，去问自己专业的相关老师。这个比赛我一共做了7天，168个小时内，我甚至连做梦都在思考该怎么做。其中有两个晚上我做了通宵，剩下的5天也都坚持到了深夜。我反复地思考自己模型的合理性，对于符号使用情况的说明也试图做到足够全面。终于，在截止的前一天晚上，我满意地点了保存按钮。关闭电脑时，我有一种战士收刀入鞘的荣耀感。案例提交成功的那一刻，我甚至直接睡在了电脑桌旁。

没过多久，我如愿以偿地收到了进入决赛的通知。我心里明白，行百里者半九十，好不容易走到了这里，就绝不能倒在答辩的环节上。我反反复复对论文进行修改，增加了几百字的内容和新的模型，并且对于排版和封面设计都尝试做到完美，对PPT的内容和重点进行详细规划。我自认为准备充足地走向了答辩的舞台。可不得不说，虽然已经做好了心理准备，这次答辩还是带给了我太多震撼。我看到了很多很精彩的解题思路，也遇到了太多优秀的建模手，自己一直无法企及的神经网络算法也有同学可以很熟练地使用。那个时候我默默告诉自己，只需要展示自己所做的东西就好，不要留有遗憾。有言道，你尽管努力，剩下的交给天意。最终，我获得了全校的一等奖。我并没有想象中那么激动，更多的是对于自己和专业的思考。我看到了我们专业的独特性，也明白了我们所缺少的东西。

本想通过这次比赛证明自己，却没想到收获了很多意料之外的东西，可能这才是科创活动的意义吧，最珍贵的永远是你走过的这段旅程。这次普普通通的校赛一等奖让我明白了我自己到底需要的是什么，以及工业工程专业需要的是什么。或许它并没有很大的含金量，或许校赛一等奖对很多人来说不值一提，但我明白，这次比赛一定会成为我科创之旅甚至人生之路的重要转折点。

后来因为自身的情况，我考虑再三后，放弃了进入校队出征国赛的资格，比赛的指导老师随后也给了我很多可行的发展建议。我知道我要学习的还有很多。或许我现在还有很多不足的地方，或许我的专业还不够好，但作为专业班的班长，我相信，只要我和自己的专业一起努力，就可以一起成长，一起变得更好。

乾坤未定，你我皆是黑马。

谨以此文纪念我的一段科创之路。

获奖情况：

2017年04月，SRTP国创“成都汽车分享计划需求预测与站点规划”立项；
2017年09月，2017年纤科杯四川省工业工程案例大赛二等奖（省级）；
2018年01月，第十二届清华IE亮剑工业工程应用案例大赛三等奖（国家级）；
2018年04月，SRTP省创“电动汽车在物流配送中的需求预测与站点规划”立项；
2018年06月，第十届大学生课外创新实验竞赛“朋辈辅导组”一等奖（校级）；
2018年11月，马钢杯物流设计大赛一等奖（校级）；
2018年11月，2018年纤科杯四川省工业工程案例大赛二等奖（省级）；
2018年11月，第十三届清华IE亮剑工业工程应用案例大赛三等奖（国家级）；
2018年12月，三维模型设计大赛机械类一等奖（校级）；
2018年12月，“华教杯”全国大学生数学竞赛一等奖（省级）。

以戏剧之名，向西部腹地进军

¤ 姓名：李薇　　¤ 学院：人文学院

当科技在现代文明上开拓出新领域，我们将目光投向了民族扎根的厚土。璀璨的中华文化在这片土地上延绵千年，王朝的更迭，时代的变迁，社会的发展都在历史的岩层中凝固成生动的姿态。

面对着浩瀚的文化疆域，我们这一次地理探源和心灵跋涉该从哪里开始启程？

我们的征程，是一次文学远旅

在导师的指引下，我们开始探寻。文字的演变奥秘，词汇的功能分析，语法的结构规律，方言的地域差异，意象的隐喻含义……这些埋藏在中华五千年文化土壤下的亟待挖掘的珍宝，向我们传递着脉搏跳动的信号。遍地的宝藏多如夜空中的繁星，让我们无法抉择。怎样才能挖掘到更有价值的珍宝？它既承载着历史记忆，又积淀了深厚的文化内涵。

当我们快要在这片广袤的大地上迷失的时候，导师为我们送来了指南针，沿着指针指示的方向，我们向抗战大后方戏剧进行探秘。这颗闪闪发亮的珠宝珍藏在国家社科基金重大项目“抗战大后方文学史料数据库建设研究”的宝箱里。戏剧虽然在新文学史上发展落后，却在抗战时期大放光彩，让璀璨夺目的文学宝库更加闪耀。然而近些年来，这颗光芒四射的珍宝却遭受蒙尘，虽然抗战大后方戏剧研究工作取得了“史料的收集整理、以文本分析见长的审美批评、以批判思维创新的翻案批评和以市场化、职业化角度考察戏剧成长”的最新成果，但依然面临着研究领域冷落、研究思维陈旧、艺术成就被低估的困境。在此背景下，我们将通过对抗战大后方戏剧史料进行搜集、整理、校对与研读，希望重新挖掘其艺术特色，再现其光彩，还原大后方的时代风貌，展现抗战时期的时代特色。同时，作为文化基因，它还会对未来的艺术实践发挥着潜在的影响力，其中的戏剧经验、表现方式、艺术技巧、文化主题都蕴含着指向未来的价值。

这项课题与我们团队成员的专业性质也十分契合。作为汉语言文学专业的学生，在将近两年专业学习的基础上，我们对现当代文学已经有大致的掌握，具有了一定的文学鉴赏、研究能力和实际操作能力。因此，我们对这一科研项目充满了热情与信心。这项瞄准前沿领域，从实际情况出发，以基础史料的搜集、整理和研究为出发点的项目具有很高的学术价值和较为广阔的拓展前景。

选择好了目标，我们开始在地图上勾勒路线图。以四川和重庆为中心向周围辐射，囊括云南、贵州、广西、陕西、甘肃、宁夏、青海和新疆八个省、自治区。这一宏大的地理场景早已在我们的心里展开画卷，西部的大好河山，将留下我们探索的足迹。

这一场深入西部腹地的文化之旅，即将启程。

检票成功！时光列车正式启程

得知4月19日初期答辩的消息，我们团队成员都激动不已，这关乎到我们能否获得这次文学之旅的资格，能否挖掘到这颗珍宝让其重现光彩。为此，我们团队成员分工合作，收集资料，制作PPT，撰写答辩稿，反复地修改，反复地演练，只为交出一份最满意的答卷。

答辩当天，团队成员都来为我加油，希望共同见证这个关键的时刻。我看着PPT上那些亲切又熟悉的字眼——项目简介：整理与研究1937年—1945年前后，北方的陕甘宁边区，国统区的大西南、大西北地区的戏剧史料，根据阅读与研究，结合网络上的各类数据库、期刊等提供的资源，对原有的文学戏剧史料进行校对、查实与增补。项目特色与创新点：时代性、全面性、系统性和开拓性。研究方法：以各类数据库为平台，通过检索获取戏剧原文，通过阅读原文，进行归纳、概括和总结；同时根据数据库的资源，对《中国现代文学大辞典》《中国现代文学总书目》和《抗战时期期刊介绍》中的信息进行校对和梳理，从而对原有数据进行补充、更新与完善——这一份充满质感的答卷象征着我们团队对科研孜孜不倦地追求，我们也将以执着的探索热情、严谨的学术态度、扎实的文学功底来认真对待这次科研项目。

等待结果的那几天我们心急如焚，每天去教务网上查相关信息。当辅导员带来结果公示时，我们在那密密麻麻的信息中搜寻，“校创”一栏，没有！怎么回事？不可能呀！我们反复寻找了几遍，都不见我们的项目名称，当时心一点一点沉入谷底，难道那西部腹地的探秘注定和我们无缘？这时一名成员敏锐地在“省创”一栏找到了我们团队。省创！这带给我们欣喜的同时，无疑是对我们最大的肯定，我们的研究是有价值的！

我们的车票已经检票成功！时光列车正式出发。

沿途的风景，摄住眺望的心魂

拿着厚厚的资料，看着上面的日期1940年和1945年，如同中国抗战大后方两年的戏剧文化历史已交到我手中，而我将对这两年的历史重新进行整理和研读，还原大后方的时代风貌，深入了解抗战时期的时代特色。

在无数个夜晚，我阅读着这些作品，那慷慨激昂的台词把我带回了那个热血沸腾的时代。在这些剧目中，有勇于向封建思想挑战的青年学生，有浴血奋战的革命战士，有沉迷花花世界的达官显贵……曹禺、郭沫若、老舍、田汉、宋之的、夏衍、于伶、陈白尘……这些优秀的剧作家用戏剧来传达时代脉搏，每个戏剧人物身上都倾注了作者的情感，为我们活灵活现地演绎了时代特色。文学支流都是发源于干流，对戏剧的解读也使我对抗战大后方作家的整体文学风格、思想情感、价值判断等方面有了一定的感知，这对作家的进一步文学研究有着重要的指导意义。

随着精神心灵对西部腹地的深入和盘桓，我在这一次浩瀚的远旅中感受到了一种刻骨铭心的召唤，千万里的山光水色，沿途的粒粒星辰，早已夺去了眺望的心魂。抬头，已经是凌晨两点的星空，星光照耀着未眠人。

我们的旅程还在路上，未来还有更多未知的璀璨等待我们去发现。我们要以戏剧之名，向西部腹地进军！

获奖情况：

2017年05月，获得西南交通大学2016年度“三星级志愿者”称号；

2017年08月，获评贵州省凯里市“春晖使者”称号；

2017年09月，获得2016—2017学年第二学期一等综合奖学金；

2017年11月，获得2017年度暑期“三下乡”社会实践优秀队员称号；

2017年12月，获得2017年度“四星级志愿者”称号；

2018年05月，获得“优秀共青团员”称号；

2018年11月，获得2018年度暑期“三下乡”社会实践优秀队员称号；

2018年12月，获得2017—2018学年国家励志奖学金；

2018年04月，参加大学生创新创业训练计划项目，其项目“抗战时期大后方戏剧史料的收集与整理”获得省级立项等级。

建不动了，你舍得放弃吗?

¤姓名：李志学　　¤学院：生命科学和工程学院

我们准备着深深地领受，那些意想不到的奇迹，
在漫长的岁月里忽然有
彗星的出现，狂风乍起。
……
——冯至《十四行诗》

我们仨——李志学、周世锐、桑潇，组建的建模小队从初识建模、学习建模到参加一系列建模竞赛到现在已经有一年了。回想起第一次参加新秀杯的时候，我们还给自己小队取了个霸气的名字——霹雳虎战队，名字是很霸气，可是遇到那迷惑的题目时，似乎一点儿也霸气不起来。那时的彷徨、那时的迷茫、那时心中“蠢蠢欲动”想要放弃的心思，是一朵乌云，挡住了我们前进的脚步；或是一股旋涡，总想把我们卷入原本的舒适圈中。不知道有多少个建模的夜晚，有人做着做着就说“要不我们放弃吧？”。

可是当真的说要放弃时，问一下内心，真的舍得吗？

不舍得！

我总能想起著名主持人何炅的一段话——“如果你真的觉得很难，你坚持不了，那你就放弃，但是你放弃了就不要抱怨，说我为什么没有得到。我觉得人生就是这样的，要得到就必须要付出，要付出你还

要学会坚持，而且你要懂得一定来得及，因为此刻的你，就是你最年轻的样子。”每当我读这段话的时候，无论读多少遍，无论它语言多么的平淡，它就是那么的有冲击力。内心的浮躁渐渐消退，堕落的欲望也渐渐消去，需要我砥砺前行的道路渐渐明朗。我知道，我还在建模，我还在路上，我必须要坚持，我必须要付出，而且我一定来得及。

舍不得放弃建模，更舍不得浪费自己的热血！

有多少青春的热血值得我们挥霍？有多少热血能流过最锋利的刀刃？有多少热血能够与大地融合？数学建模——审题、确定思路、查找该题相关资料、确定模型、求解模型、编程实现、论文书写。可以说这每一步都必须要认真。建模的时候，我经常说：“整一篇含水分的论文没啥子意义，你有本事就给我认真做，从头到尾地做，数据的处理与分析，论文的阐述，每一步都要认真做好。”要让别人一看到我们的文章，就知道这篇文章虽然白纸黑字，但却有热血别样的红。

第二次新秀杯，我们选择了一道较难的题目——中华书法之美。当我看到这个题目时，第一反应是好玩。纯粹因为好玩，没见过，想要挑战一下新的题型——图像评价题。确定好题目后，我们就开始紧张有序地收集资料。比赛时间一共一周，可到了倒数第二天，我们对这道不常规的题目仍旧没有任何思路，也没有任何的想法。三个人都陷入了沉默的深渊，没有人出来讲自己的思路。甚至有人说：“要不我们不做了吧？”“要不我们换个题目吧？”我压抑我心中的怒火，轻描淡写地说了句：“你都做了那么多天了，你舍得放弃？”沉默，直到凌晨两点，我心想，这样下去肯定没戏。我及时提出建议，大家别光想，可能有些资料我们没搜集够，我们不能单从书法一个层次去思考问题，兴许计算机视觉、生物视觉的相关研究中就有关联的方法和对策，“无论如何都不能放弃！”

我们霹雳虎小队的分工是这样的：我负责算法设计与编程；周世

锐负责模型的构建与改善；桑潇负责论文的书写以及图片的绘制。有了思路后，模型也渐渐清晰地展现在我们眼前，是一个卷积神经网络算法，时间不多了，我马不停蹄地写程序，运行，生怕没有结果。每个人仿佛都一下子在灵魂深处站起来了，如同一个士兵。这时我想起一部电影《血战钢锯岭》，男主虽然弱小，但一次次地冒险救人，一次次地冲击前线，一次次地唤醒灵魂。“我虽然弱小，但我关键时候，比你们任何人都强。”这就是热血，这就是钢铁一般的灵魂。苦苦熬到交论文的前半小时，我们才完成了论文。那个时候大家紧张的神经才缓慢放松下来，就在那么紧张的比赛中，熬夜通宵、紧盯电脑，是热血在流淌，是热血在支撑，我们舍不得去浪费自己的热血，也许就是这样，白纸黑字的论文才有那热血般的红。

舍不得放弃建模，更舍不得浪费自己的青春！

青春就是用来挥洒的。经历了大大小小四五场建模比赛，感觉我们的确在成长，不再那么稚嫩、不再那么彷徨、也不再那么手忙脚乱。参加建模一开始只是为了试一试，渐渐地发现，自己爱上了这个东西。每一次做一个题目都有一种新的感觉，把我的青春交给建模挥洒，是不后悔的选择。人生有许多的风风雨雨，会遇到许许多多的挫折，感激所有的挫折，因为它让我们变得更强。有句调侃的话“自己选的路，跪着爬着也要走完”，青春允许我们爬着前进，但绝不允许我们懒惰懈怠。

就在本学期的第11周、12周和13周，我们小队——霹雳虎战队准备来一次高强度的训练。连续报名了3场数学建模竞赛：2018年新秀杯数学建模竞赛、第八届APMCM亚太地区大学生数学建模竞赛、第七届数学中国数学建模国际赛（小美赛）。一下子报了三个，不管从哪个方面来说，我觉得都是一个巨大的挑战，加上后面两场国际级比赛需要用英文答题，难度更大。进入第三场比赛的时候大家身心俱疲，再加上平时的课业学业，压得有点儿喘不过气来。可是这次大家丝毫没有想要放弃的念头，埋头下去，撸起袖子就是干，大家各司其职，友好交流。这种态度，应该就是一路走过来的成长，就是我们挥洒的青春。现在想起来，真的是一段难忘的回忆，大家都在成长，都在尽全力去挥洒属于自己的青春。

寻找自我很难，放弃自我很简单。建模让我寻找到了一个焕然一新的自己，一个充满自信的自己，一个充满阳光的自己。苦熬建模的时候，辛苦付出却得不到回报的时候，总是想要放弃。但是，不要说你每天压力很大、很苦，你就要放弃了，因为当你在睡梦中的时候，有的人才刚刚下班，甚至有的人才刚刚上班，这个世界每个人都很苦，凭什么你扛不住。只要熬过去了，不管结果如何，都能勇敢地去面对自我，原来自己是那么地强，别人都没熬过来，我熬过来了，心中油然而生的那种自豪、自信，有着青春的味道，更是一种内化于心、外化于行的自我改造。青春，就是要在砥砺前行的道路上去追最耀眼的星光，哪怕追不到，自己也会变成那颗最闪耀的星。

舍不得放弃建模，更舍不得辜负自己的伙伴！

我的建模队友真的很棒！我想引用蔡琴的一段话："每次看照片，我都觉得两年前的我真好看，但是两年前的那一天，我从来没觉得我自己好看过。"不用过两年，就过了几个月，回过头去看自己和队友一起努力过完成的建模论文，回忆自己和队友的努力拼搏，自己与队友建模的点点滴滴，我发现建模拿没拿奖，论文有多少瑕疵，仿佛没有那么重要了。那时的大家齐心协力，齐头并进，犹如一束光，不是照亮前方的路，而是照亮了我们自己。原来当时伙伴开的玩笑是那么好笑，原来大家是因为这股凝聚的强有力的力量才走过这一场场比赛的，原来大家在内心都抱怨过，但却依旧坦荡地走下去。

我舍不得放弃建模，能够在霹雳虎战队的建模机会也不多了。这么好的小伙伴，在某个特定的时间点聚在一起，这是缘分，更是幸福。我们都希望自己的努力能够给我们霹雳虎战队赢得更多的荣誉。灿烂的笑容时不时显露在我们的脸上，建模日常的调侃，大家互帮互助的精神，隐隐约约形成了一种默契，我不敢放弃，舍不得去放弃，害怕的不是比赛的输赢，而是霹雳虎小队的消散。

小伙伴总能带给我新的思考，他们那种刻苦钻研的精神，具有创新性的思维方式总能带来惊喜和希望。可能我们比赛的成果没有那么好，但是我们付出过、努力过、前进过、成长过，更重要的是快乐过，那么这一切就都是值得的。希望在未来依旧能见到我们霹雳虎战队建模的身影。

加油，加油，加油！

获奖情况：

2017年，新秀杯数学建模竞赛二等奖；

2018年，新秀杯数学建模竞赛二等奖；

2018年，西南交大数学建模竞赛校赛三等奖；

2018年，节能减排竞赛优秀奖。

我的科创之路——数学建模

¤ 姓名：龙 芳　　　¤ 学院：信息科学与技术学院

说起我的建模路也算是一波多折，起起落落，终有收获。

和建模结缘是大一的时候，那个时候刚认识到万事皆可建模。不管是冶炼钢铁的炉内温度控制，以大数据为背景的仓库管理，“双11”时候快递小机器人调度，还是树木、石油期货交割时的收益指数。根据已知的信息，通过数学方法逻辑分析得到特定的表达式，这个过程就是建模。世界万物都有其运行的规律，不断找到已知条件，通过实验试探找到逻辑关系，就能将具体的事务抽象化，将不确定的事务确定化，所以万物皆可建模。在大学里对世界充满着好奇，探索欲、求知欲强的我对建模充满着兴趣。

我一共参加过四次建模。第一次就是交大的“新秀杯”。当时我匆匆忙忙找不到队友，最后和一个机械专业的朋友组了一个队。刚进学校我的c语言学得还不是很顺畅，只知道基本的语法、函数和一些基本排序算法，而队友也只是对建模有一个大概的了解，只知道大概步骤，经典的建模方法、如何处理数据、检验数据都有点迷茫。由于两个人都不怎么会，三天时间我们做得特别混乱，短时间学习的方向也不明确，最后就什么也做不出来。所以我的第一次建模可以说是以失败告终的。但是第一次建模也有很宝贵的经验：大家要提前找好队友，最好是大家都对建模感兴趣，分工要明确，这样学习才会比较具有针对性。

也许是第一次建模的经历太过于惨痛，所以很长一段时间我觉得自己不太适合建模，直到大二有一个建模协会的同学找我一起做建模，我的心里就有一个声音回荡着——现在是时候了。一个数学学院的同学负责建模，一个经管学院的同学负责写论文，我负责编程，我们三个早早地组好队，焦急地等待着五一建模的到来。那个时候我自己跑去选修了计算机系5个学分的数据结构和实验，了解了更多的经典算法，对逻辑的应用能力也有所加强，编程能力和大一相比有了显著的提高，可以在解决问题时运用经典算法求解，也可以根据具体的题意自己写算法流程图再实现功能，学习自动控制原理和数字信号处理实验的时候对Matlab熟悉了许多。另外，为了准备好这个比赛，我提前一个多星期去图书馆借了很多本和数学建模有关的算法以及Matlab 的应用，每天抽出一个小时去图书馆看书，晚上下了选修课我就直奔图书馆看书。

五一建模的级别相当于校赛的级别，我们最后拿了一等奖。然后就是“电工杯”，电工杯是区域赛的级别，我们拿了二等奖，得到了学校暑期校队培训的入场券。

到学校进行集训，我有幸加入了袁检老师的队伍，学习了与微分有关的航天对接问题，与离散概率有关的呼叫救护车到达问题，图像处理的指纹识别和人脸识别技术，与效率有关的中药问题等，基本包含了以往国赛的出题范围。老师还指出这几年出题越来越倾向于根据题意逻辑去编程，对算手要求比较高。在一间小小的宿舍里，有人奋笔疾书，有人绞尽脑汁，有人敲打着键盘，时不时两人低头交流几句或编程或论文的思路，时不时两个人一起在电脑上逐步运行，检查逻辑，验证答案。

这一天终于到来了！A题是三层织物材料高温作业专用服装设计，B题是8台计算机数控机床动态调度策略。因为练习的时候我们对微分方程的题目比较熟悉，而动态调度很多时候编程会考虑不全情况并且计算结果还可能不理想，而且我们三个的经验不是很多，所以就选了A题。培训的时候可以多训练一些题型， 这样就知道团队比较擅长的题型，选题就可以尽早拿定主意。这次国赛是晚上发的题，根据前几次的经验，第一天晚上最重要的是把题定下来，看用哪种模型，所以第一天晚上我们讨论了一下模型、论文的框架、解题的算法就回去了。第二天我继续看每个题的模型，可以用的数学方法，这个题我大概尝试了三种解微分方程的方法，第一次用工具箱直接解，但是中途的方程有些是不适用的，解出来的数据比较奇怪，然后继续尝试组合的解微分方程函数，依旧是感觉和题意不符，有些初始条件不符合，最后还是采用了最基础的微分方程函数，一步一步自己写条件。我参考了Matlab的使用手册，还参考了网上很多的例题以及函数应用。快速学习的能力很重要。

建模中途其实并不顺利。同一个方程换了三次解法，建模手怀疑自己，我也怀疑自己。第二天晚上凌晨二三点的时候，解题解不出来又不敢回去睡觉，室内一直灯火通明让我感觉不到白天黑夜的变换，空调的嗡嗡声都弥散着一种颓败的气氛。第三天下午换了算法，感觉要解出来的那天晚上，我一直改参数写代码遍历满足条件的厚度，一遍又一遍地缩小最佳厚度范围，提高最佳厚度的精度，一直到次日早上6点，回去睡个觉，8点又继续。

虽然很累，但是解出题的感觉真的很棒!

最后拿了国赛一等奖，为我的建模之路画上圆满的句号。从新秀杯到校赛到区域赛到国赛，我们也算是一步步地成长。我们学到了很多关于建模的知识，变成了还算合格的建模队伍。建模让我收获了很多。

获奖情况：

获得两次国家励志奖学金、一次二等综合奖学金、一次三等综合奖学金；

获得“优秀学生干部”、“三好学生”荣誉称号；

五一数学建模竞赛一等奖、电工杯数学建模竞赛二等奖、高教杯数学建模竞赛一等奖（省级）；

西南交大秋季电子设计比赛三等奖、竞赛月光立方三等奖；

孔子诞辰经典重现话剧团体二等奖、扎染陶艺团体一等奖。

醉心科创苦亦甜，人生乐在相知间

¤ 姓名：鲁晨　　¤ 学院：交通运输与物流学院

心中那一份对科学研究的热爱，是我参加各种科创竞赛的动力源。在我看来，科创竞赛的意义不仅仅是一份奖项或荣誉，更是一段珍贵难忘的经历。大学四年时光中，服务外包可以说是我最难忘的一项比赛了，三十几个日日夜夜，最终获得了第八届全国大学生服务外包创新创业大赛企业命题组二等奖。激动之余，更多的是感激，感谢自己那段日子的坚持，感谢队友们的合作，感谢指导老师的指导和帮助。“醉心科创苦亦甜，人生乐在相知间”可以说是完美概括了我这次科创经历。

“三心二意”醉心科创

“三心二意”换一种诠释，即可变为信心、决心和耐心，乐意和创意，比赛中最不能缺少的也就是这“三心”和“二意”了。

我们服务外包的项目名称叫“有思高校论文治理系统”。为什么要叫有思呢？因为我们组长当时是有思的副理事，大家也想成为有思想有才华的大学生，于是一拍即合，就叫这个了。确定了题目之后，从选题到提交项目，只有三个月的时间，在期间，我们要学习“爬虫”、ETL等工具，设计完成一个论文数据处理系统，撰写百页说明文档等，中间还有期末考试、实习，时间的紧张程度可想而知。这时，信心、决心和耐心，这“三心”就该出现了。信心，相信我们组能完成这个项目的；决心，没有什么问题是熬个夜解决不了的，如果不行，那就熬两个晚上；耐心，这个程序我调了两天了都不行，哪个地方还有问题，我再多试试。就这样，2017年的那个暑假，我们在教务之星办公室挥洒汗水，见过凌晨三四点的交大，终于在8月7日，提交了项目全部内容，并在8月底，收到了要去无锡江南大学参加决赛的消息。

谈到乐意和创意，起初，我对商业企划书等文档的书写一窍不通，乐意学习便是第一步。参考学姐给的模板，我在摸索中不断进步，精益求精，发挥匠人精神，最后，将三万多字的项目详细方案呈现在大家面前。乐意承担是第二点，决赛前，我们组还差答辩时要用的宣传页和视频，看着媛媛姐忙着准备答辩，鹏哥和江哥还在改进系统，喜欢动手的我和组长主动承担了这两项任务，虽是初做视频，也算是完成得比较出色，至少在答辩的时候老师提到很有创意。有创意这个词，在我心中，是最高的评价了。论文治理系统，如何能有创意？适合不同的用户使用？相比较于知网、万方、web of science，会发现它们是纯粹的中文数据库或者英文数据库，我们这个系统能够更详尽地收集论文信息，相当于将这些数据进行一个“合集”的处理。国内这方面做得比较好的有百度学术，我们也参考了百度学术，在此基础上，使得我们的系统更适用于各类高校。创意源于提问，并在实践中不断成熟。

交意气相投之友

竞赛组队大多是介绍制，“我想参加这个比赛，咱们组队吧？”“好呀，我们还差几个人，我有个朋友，他编程能力特强，还很靠谱，要不我去问问他？”“那再好不过了！”就这样，五个人的小分队组成了。在四年大学生活中，除了室友和同学，陪伴我最多的就是我的队友了。我们的组长是个作息时间颠倒的人，上午休息，晚上工作到凌晨甚至通宵到第二天早上，我们总是调侃式地提醒他休息：“组长，小心你的头发啊，男神不能秃顶的！”组长总是笑笑说：“没事，等结束了我去烫个发，会看起来浓密一些。”和谐的组内关系，恰当的组内分工，也是成功的关键。印象最深的是答辩完的那天，大家在太湖边吹风、逛南长街，谈理想目标，一起哈哈大笑。很多时候，比赛结果并不重要，最重要的是遇到了这群志同道合又有趣的朋友。

在科创竞赛中，无数的重复、思考与探索是不可避免的。在竞赛中学习，强化自己的能力，你会发现，当你掌握了技术之后，在很多方面都会产生更专业的看法。在竞赛中成长，遇到意气相投的朋友，更能感受到人生乐在相知间。也希望现在在看这篇文章的你，可以完成自己的小目标，实现一次又一次的突破，在科创之路上奋力前行。

获奖情况：

2017年09月，第八届中国大学生服务外包创新创业大赛二等奖；
2018年07月，第三届全国高校智能交通创新与创业大赛二等奖；
2018年06月，第十五届五一数学建模竞赛一等奖；
2018年05月，西南交通大学第十一届大学生交通科技大赛二等奖；
2017年05月，西南交通大学数学建模写作比赛一等奖；
2016年12月，西南交通大学“新秀杯”数学建模比赛二等奖；
2016年06月，西南交通大学数学竞赛（非数学类）三等奖。

行到水穷处，坐看云起时

¤ 姓名：毛美琳　　¤ 学院：公共管理与政法学院

不登泰山之巅，难览众山之小；不入江海之深，难享浩瀚之姿。观景如此，求学更是如此。在我的经历中，敢于尝试，带给了我很多幸运，也让我有了许多积累。上了大学后，敢于尝试的精神更是让我体会到了科创的乐趣。

开始——打开新世界的大门

那是一次偶然的机会，我有幸接触到了SRTP项目。刚开始的时候，我还有些犹疑，一方面觉得这是一个很好的锻炼机会，另一方面又怕做不好，辜负了大家的信任。反复思量之际，一个声音从脑海响起："不试试，怎么知道自己不行？"抱着边学边做的想法，我投入"学校会风会议问题"的调查中。

实施初期，小组的几位成员都是新手，大家对于要做的事情完全没有概念，只知道"调查项目"四个字。但是，既然开始了，就决不能敷衍了事。于是，在正式和老师交流之前，我花了整整一天的时间查找资料，收集各种能找到的案例和方案，恨不得把所有刚刚了解的内容全部装进脑袋。

老师非常亲切地对我们的项目进行了指导，并提出了许多可行的意见，这让我对项目的实行开始有了初步的轮廓；老师还告诉我们，不必把这件事当成一个项目来看，也不必在乎最终的结果是不是完美，最主要的是，我们在这个过程中能够有所收获。这次见面给了我方向，也给了我信心，让我对未来要做的事情不再是一头雾水，而是有了初步的计划。

在这次项目中，我经历了许多的第一次。第一次答辩，非常紧张。虽然我提前花了一整个上午的时间写好答辩词、背诵答辨词，但面对老师的问题，我还是回答得结结巴巴，无数次说错。捏着拳头走下答辩台时，整个手心都是冰凉的汗水。

第一次做访谈时，虽然我只是负责记录，可想到要如此近距离地和老师们接触，并且是以采访的方式去向老师们做调查，我的心里还是忐忑不安。

每进入一间办公室前，我们都会在门口做很长时间的心理调节，消除自己的紧张感。而我在敲响第一位老师的门时，更是紧张到连敲门都是颤抖的。

万事开头难，就怕第一步。采访过第一位老师后，接下来的调查就顺畅了很多。调查进行到最后，我们已经可以轻松地与老师们进行交流了，甚至还能在调查之余和老师简单地开个玩笑，缓和一下气氛。这也使我们的调查过程充满了乐趣，我第一次体会到了与师长平等交流的愉悦感。

在老师的细心指导和小组成员的共同努力下，这次校级科研课题终于顺利完成了，我们积累了创新项目经验、收获了小组成员的友谊，也得到了老师的认可。

经过了这次项目的洗礼，如今我不仅能够自然地站在答辩台上对答如流，更能够自然地面对各种各样的访谈对象，设计合理地采访问题。我更是深深地体会到了大学的意义不仅仅是学习，更多的是拓宽自己的视野，增长自己的见闻，为自己开启一扇崭新的大门。

继续——创新创业创青春

这次校级科研创新项目的尝试，让我感受到了做科创的快感，也深深体会到了做科研的乐趣，更重要的是，我收获了一群志趣相投的好友和恩师的无私指导。在这种情绪的支撑下，我又投入创新创业比赛中。

如果说之前的会议会风调查是虚拟演练中的技艺展示，那么这次的创新创业比赛就是战场上百万雄师的真枪实战。不仅内容更多，难度更高，更是需要极强的实践性，这对我来说，是一个全新的挑战。但是这一次，我充满了斗志！

这一次的科创项目我们不仅做了实施方案和计划，还着手准备了一系列的实物产品和技术服务项目，如药浴包、食疗盒、推拿、抚触、被动操等。

为了给我们的团队足够的支持，让更多人知道我们在做的事情，我把自己锁在宿舍里，整整一周，足不出户，终于写好了剧本。但是和团队开会后，发现剧本有许多不足之处，我只好反反复复地写，反反复复地改。从开始的讲课稿，到后期的分格剧本稿，每一次的修改和成稿背后，都是我的彻夜无眠。

最终定稿之后，我一刻也没有休息，又跟着专业的拍摄团队，一起上山进行拍摄。山路难行，条件复杂，加上连日来的昼夜赶稿，我深深地感觉到自己体力的透支。但是为了拍摄的顺利进行，没有人喊苦说累，每个人都打足十二分的精神，专注地投入拍摄之中，我也被大家的情绪带动，咬紧牙关，以自己最好的状态努力坚持着。

为了达到更好的宣传效果，我们又在第二天有两组PPT讲解的情况下增加了微信推文的环节。时间紧，任务重，来不及多想，我连夜完成了微信推送的方案处理。

功夫不负有心人，所有的努力都不会白费，在我们的共同努力下，我们的创业项目不仅受到了学校导师和实践受众的一致好评，还在比赛中获得省级一等奖的好成绩，并代表我省送往国家级创新创业大赛进行参选。喜报频传，我们的项目又获得了国家级创新创业大赛的铜奖！

我的大二生活似乎与创新创业有着无尽的缘分，暑期更是有幸得到了全额资助，去往新加坡国立大学进行了“创新管理”项目的学习。在那里，有来自全国各地的高校学子，他们的创新思维让我大开眼界，他们的创业激情和创新能力也让我对创新创业有了更深层的体会。所谓创新创业创青春，勤学互助赢未来！

未来——往后余生至此不渝

创新与专业、年级、经验都没有关系，我们一次又一次从零开始，换来收获，需要的是一种态度。创新也不是重复过去的路，而是一次又一次全新的挑战。在每一次的创新活动中，我都收获满满，在创新中所经历的一切，都是我余生最宝贵的财富。感谢学校，让我与科创邂逅；感谢我的导师，为我的科创之路扶正航向；感谢我的合作伙伴，让我们的科创之梦，展翅翱翔！

科创的路，充满了压力、挑战和机遇。可能在别人眼里，科创总是在山重水复间难寻到出路，可它如今在我的眼里却是一次次的柳暗花明。

科创的酸甜苦辣，只有经历过的人才能体会，科创的魅力所在，只有体会过的人才会明白。从最开始的迷茫抗拒，到后来的忘我投入，科创为我打开了一扇崭新的大门，而我流连其中不想回头。行到水穷处，坐看云起时，只要坚持最初的期盼迎难而上，总会拨云见日。信念是鸟，它在黎明仍然黑暗之际，感觉到了光明，唱出了歌。这歌声多动听？听过的人才知道。

获奖情况：

2018年09月，第四届“互联网+”全国大学生创新创业大赛银奖（省级）；
2018年10月，2018年四川省青年创新创业大赛一等奖（省级）；
2018年11月，2018年“创青春”全国大学生创业大赛铜奖（国家级）。

创 · 青春记忆

¤ 姓名：乔建军　　¤ 学院：信息科学与技术学院

科创，在我看来这是一件充满趣味和挑战的事情；科创的过程，是一个自我挑战和自我提高的一个过程。我喜欢挑战自我，喜欢不断提高。因此，我喜欢不遗余力地做科创，享受科创的过程。

高中的时候，课程任务比较重，因此没有太多的时间和精力去做科创。不过，在繁忙的课程中我还是抽时间去参加了相关比赛。记得那时候我参加的是全国中学生化学竞赛，我觉得赛题很有意思，也很有挑战性，一想到有很多人与我同台竞技，我就热血沸腾。最终，我获得了省级一等奖。这个结果虽然不是最好的，但我个人还是比较满意的，毕竟这是我的第一次科创比赛，也是我的科创之路的起点。对我而言，这次的经历意义重大。

进入大学后，我发觉课程任务相比高中要轻松得多，大家可以在自己喜欢的事情上多花时间。于是，我决定多花时间做科创，挑战自我，提高自我。

在大学里，我最先接触到科创竞赛是数学建模。通过查阅资料和咨询他人，我对这个比赛有了比较多的理解。我觉得这个比赛很考验个人的思维能力，尤其是通过建模解决实际问题的能力。再者，我了解到这个比赛涉及编程，而我的专业又是计算机专业，我便觉得这个比赛和我的专业比较搭，我可以在比赛的过程中，将自己学到的计算机知识应用到实践中。于是，我决定先做数学建模。

要做比赛，自然需要先掌握相应的基础知识。所以，我针对这个比赛报名了数学建模课程，想以此学习和掌握数学建模相关的知识。辛运的是，在课堂上我认识了两个与我志同道合的同学。正所谓，同志为朋，同道为友。于是，我们三人自然而然地结成了一个队伍。在我大学做科创的整个过程中，这是一个很重要的节点，之后参加的所有数学建模比赛，我们三人都是以一个队伍的形式参加的。

我们最先开始参加的比赛是第十三届五一数学建模竞赛，在这个比赛中我们取得了三等奖的成绩。这个成绩不算理想，但我们也并没有气馁。毕竟这是我们的第一次数学建模竞赛，能榜上有名我们就已经心满意足了。于是，我们重整气势，参加了2016年“高教社杯”全国大学生数学建模竞赛。这个比赛算是认可度最高的数学建模竞赛了。在这个比赛中，我们取得了省级三等奖的成绩，也不算太理想。

接连两次比赛都是三等奖，我们觉得这种情况肯定有症结。于是我们请教了往年在数学建模竞赛上取得了不错成绩的学长，发现原因主要有两个方面，一个是我们掌握的数学建模知识还不够多，另一个原因是我们的经验还不够。

于是我们开始恶补数学建模相关的知识。我们三人有明确的分工，我主要负责算法设计、模型求解的内容，另外两个同学分别负责建模的内容和数据处理、论文撰写的内容。不过，我们的分工也没有那么死板。就比如，我负责的是算法设计、编程求解，但我也不单单是只学习模型求解相关的知识，我也会去学习建模和数据处理相关的知识，这样才能更好地与其他两人对接，更好地协作。

在感觉准备比较充分后，我们又报名参加了2016年亚太大学生数学建模竞赛，在这个比赛中我们获得了二等奖，比前两次好了一些。我们打算趁热打铁，就继续参加了数学建模“美赛”，结果我们只拿了一个优秀奖。于是，我们好好总结了一番。为了在2017年的“高教社杯”全国大学生数学建模竞赛中取得比较好的成绩，我们打算多积累经验，于是我们又报名参加第十四届五一数学建模比赛，这次我们获得了二等奖。在学校组织的“高教社杯”数学建模培训中，我们队表现优异，因此获得了进入实验室的资格，在比赛的三天里，我们可以随时使用实验室。

参加过数学建模比赛的人都知道，每个数学建模比赛往往都是一年才举办一次，每次比赛为期三四天，每年大概有“高教社杯”“五一”“亚太”“电工杯”等数学建模比赛。换言之，每年能做数学建模的时间加起来不超过20天，大部分的时间其实是没有数学建模比赛可做的。这对于酷爱科创的我来说是比较难受的。于是，我又开启了另外一个科创竞赛，也就是全国大学生服务外包创新创业大赛。

有了多次做数学建模比赛相关的经验后，服务外包比赛我做起来就比较得心应手了。第一步自然就是找队友，这个比赛需要五人一队。考虑到这个比赛需要开发应用或者系统，同时需要撰写文档和推广应用，于是我打算采用“3+2”的人员策略，即“三个技术人员+两个商务人员”。队友的能力自然是越强越好，于是我找了我们计算机专业的两个学霸，专业第一和专业第二，以及两个经管学院的学霸，成绩均在专业前十。我个人成绩、竞赛等方面都比较优秀，所以找他们组队时他们很干脆地就同意了。于是，我们这个以我为项目经理兼队长的“豪华”阵容就组成了，我们报名了第八届服务外包比赛。

服务外包的初赛安排在暑假，因此我们在暑假花了整整一个月来做这个比赛的初赛。我们选择的赛题是一个对讲APP的开发，目的是使用这个对讲APP替代传统的对讲机。这个比赛时限相对较长，攻克难关的过程很有趣。在大家的齐心协力下，我们按时完成了初赛的作品，并提交给了组委会，接下来等待初赛的结果即可。

暑假的时间很快就过去了，新学期开学了。正当我和两个建模队友满怀信心准备参加9月中旬的“高教社杯”时，我收到了服务外包组委会给我们组的通知，说是我们组打进了决赛。这是个好消息，全校进决赛的八个队伍中，只有我们组是大二组，其余七个队都是大三组或研究生组。一开始我很激动，但仔细一想后我就很头疼了。我参加的数学建模比赛和服务外包的决赛时间居然重合在一起了，这是我始料未及的。两个比赛都是重量级的比赛，两个比赛我都不想放弃。可是两个比赛的时间重合了一天，两个比赛的时间都是三天，令人头疼的是服务外包决赛在江苏无锡举行，而数学建模在学校就可以做，两个比赛分隔两地，即使坐高铁，从无锡到成都也需要一天的车程。

这时候我真希望自己能有分身的能力，当然，这是不可能的。头疼的是两个队伍中我都属于核心人员，在数学建模的队伍中，我作为编程人员自然是必不可少，其他两个队友是非计算机专业的，对编程了解比较少。在服务外包的队伍中，我是项目经理兼队长，这个比赛的所有内容都是通过我组织筹划来执行的，我自然也是必不可少的。

在通过和两方队友的沟通交流后，他们同意我先去参加服务外包的决赛，比赛一结束就赶回来参加数学建模。我非常感激他们的理解，于是我先去无锡参加了服务外包的决赛。决赛一结束，我就直接赶回了成都，差不多晚上11点才到学校， 这时候，数学建模比赛的第一天已经差不多结束了。回到宿舍放好行李后，我直接杀进了实验室，开始和两个队友一起做数学建模比赛。我们一起弄到了凌晨3点多才回去休息，早上8点多又开始在实验室集合，争分夺秒地做比赛。而这一天正是服务外包的颁奖典礼，队友给我发来了我们决赛的成绩，全国二等奖！这令我很高兴，备受鼓舞，全心全意地投入了数学建模比赛。我和两位建模队友密切配合，保持高强度的工作，每天只睡三四个小时，以这样的方式整整坚持了两天多，才做完数学建模比赛。比赛结束那一刻，我们感觉自己都快虚脱了，不过我们不觉得有丝毫的痛苦，因为我们顺利做完了比赛，而且自我感觉做得还不错。

在一段漫长而焦急的等待后，我们等来了数学建模的结果，学校的建模负责人给我们发了消息说我们获得了决赛答辩资格，这令我们三人异常兴奋，因为这意味着我们的成绩至少是国家级以上。做了充足的准备后我们去参加决赛的答辩，最终，我们一举拿下了“高教社杯”数学建模全国一等奖！我们当时的心情激动得难以言表，三人一起去吃了一顿大餐，好好庆祝了一番。

在之后我还参加了一些其他比赛，也取得了不错的成绩，比如参加“发现杯”全国大学生互联网软件设计大赛获得区域赛二等奖。其实这个比赛我们也打进了决赛，只是后来因为路途太远等诸多情况而没有去参加决赛。

总的来说，大学前三年的时间里，我参加了很多科创比赛，包括数学建模、服务外包、交通科技大赛、互联网软件设计大赛等。这些比赛中，我和队友们披荆斩棘，一步一个脚印走在科创的道路上。途中，我们曾因为比赛获奖而喜悦不已，也曾因为比赛失利而郁郁不欢。比赛获奖了，我们不可得意忘形，放飞自我，而是要戒骄戒躁，再接再厉；比赛失利了，我们也不能一蹶不振，轻易放弃，而是要好好总结，迎难而上。科创的道路上，我收获的不只是那一个个的奖项，也不只是那些知识，我还收获了难能可贵的友情。在我看来这一切经历都是宝贵的财富，比赛过程中的喜怒哀乐构成了充满酸甜苦辣的大学生活。现在，我已经大四了，也保送了本校的硕士研究生，准备继续深造。在接下来的时光里，我依旧会行走在科创的道路上。因为，我喜欢科创，渴望在科创的过程中不断挑战自我，提高自我！

获奖情况：

2017年，2017年“高教社杯”全国大学生数学建模竞赛（算手+半个写手）全国一等奖；

2017年，第八届中国大学生服务外包创新创业大赛（开发人员+项目经理+队长）全国二等奖；

2018年，第五届“发现杯”全国大学生互联网软件设计大赛（同上一项）区域赛二等奖；

2018年，2017年APMCM亚太地区大学生数学建模竞赛（算手+半个写手）省二等奖；

2017年，2016年APMCM亚太地区大学生数学建模竞赛（算手+半个写手）省二等奖；

2017年，2017年第十四届五一数学建模竞赛（算手+半个写手）市二等奖；

2016年，2016年第十三届五一数学建模竞赛（算手+半个写手）市三等奖；

2016年，2016年“高教社杯”全国大学生数学建模竞赛（算手+半个写手）省三等奖；

2018年，第十三届全国大学生交通科技大赛（主要开发人员）校三等奖；

2018年，第十一届成都国际智能软硬件设计大赛（开发人员+项目经理+队长）优秀奖。

我的科创之路

¤ 姓名：邱菲尔　　¤ 学院：交通运输与物流学院

“志之所趋，无远弗届，穷山距海，不能限也。” 本科四年，也不过一千多个清晨日落，但对于我来说，每一天我都不曾懈怠。三年多来，我始终秉承着“竢实扬华，自强不息”的西南交大精神和“精勤求学，敦笃励志，果毅力行，忠恕任事”的16字校训，在立志追梦的路上一步一脚印地迈进着。我相信“无远弗届”，因此我的每一步都迈得坚定而有力。

精勤求学，敦笃励志

2015年6月，通过高考，我进入西南交通大学交通运输与物流学院物流工程专业学习。在高中的重点班里，我见过很多天赋过人的同学，也深知“精”与“勤”才是我们这些天赋平平的求知者的学习“技巧”。从入学起，我就下定决心学好专业知识，重视积累，为今后的科创和科研打下良好的基础，为此我始终严格要求自己。博观约取，厚积薄发，三年多来我专业排名稳居第一，累计56门课程达到90+。而连续三年的国家奖学金，唐立新奖学金，西南交大最高荣誉“竢实扬华奖章”、学院最高荣誉“交运之星”称号，“三好学生标兵”称号，并以专业第一的成绩保送至上海交通大学，这些都让我更坚定地相信“精勤求学”乃治学之必经之道。

励志于科创，是我自大一下学期定下的计划，而时至大三我才能真正地说，自己入门了。三年里，我曾为一份方案书做出近百遍的修改，曾见过凌晨任何时候的交大，也曾无数次尝过程序崩溃、思路瓶颈后的失落，但我都坚持了下来，并越战越勇。目前，我累计获得科创竞赛奖项国家级5项、省级4项、校级5项，主研一项省创项目已结题，主持一项国创项目在研。

初识科创，自建模始

虽然在大一时我就获得了大学中的第一个竞赛奖项——校数学竞赛一等奖，但那时我并不了解科创是什么，只是和中学竞赛一样去解题答题。真正接触到科创竞赛是从大二的“新秀杯”数学建模竞赛开始的。直到现在我仍然非常感谢学校开设了“数学建模”的限选课，让我通过课程了解到数学建模并通过一次次的作业渐渐入门；也非常感谢学校能给错过第一次“新秀杯”的大二同学再一次参加“新秀杯”的机会。在一周的时间里，我每天白天上课夜晚建模，除了短暂的睡眠，几乎没有休息的时间。第一次的体验并不顺利，从查文献到写模型到编程求解都是陌生的。但也许是因为选了一个和专业物流相关的题，我和队友都决心要全力以赴好好做，最终我们完成了一篇完整的论文。我和另外两位队友都是女生，三个女生是不太被看好的组合，但我们三人通过这第一次以及今后的每一次建模比赛证明了自己。这次“新秀杯”，我们拿到了一等奖，受到了很大的鼓舞，也由此打开了我和队友们的建模之路。我们加入了学校的数学建模创新团队，成为指导老师口中很“凶”（方言，厉害的意思）、很“不一样”的女生组合。我们一起参加了校赛、区域赛、国赛，7次建模比赛的经历和无数个自学的日夜让我发掘了自己身上的钻研精神，学会了坚持、创新与合作。

结缘专业，再识科创

从大二开始我接触到了专业课，“物流工程”是一个交叉学科，是一个融合了管理科学的工科，需要大量的理论研究与实践。由此，我开始结合专业所学，抱着尝试的心态参加了许多专业相关竞赛和项目。“日日顺”物流创客训练营中结合创业思维做物流，交科赛和智能交通赛中结合大数据处理做交通，省创科研项目中结合无人机做仓储，每一次的科创经历，都给我带来两个维度的提升——视野的宽度和研究的深度。其中，在“海峡两岸物流仿真设计大赛”中，我作为队长，带领团队历时半年设计了一套158页97 000余字的方案，最终在济南的决赛中脱颖而出，获得全国特等奖。这些专业相关竞赛无一例外地用到了数学建模的思想，整体科创经历相互关联、相互补充、相辅相成，这也让我更有信心一路向前。这些科创经历不仅培养了我研究创新的思维，更让我在不同的团队中发掘了他人身上的闪光点和自己身上的潜在能力。

地下物流，穷途觅路

凡投身科创者，无有不遇穷路之时。而对我来说，地下物流是我遇到的坎坷和挑战最多的一个方向，也是我至今为止研究时间最长的一个方向。节能减排比赛中不被认可，互联网+校赛中不被认可，评审老师认为这个方向太新了，而一名本科生是很难做出什么成果的。一年左右的研究，除了三个正在实审阶段的专利，和各位专家老师的顾虑，仿佛什么都没有留下。专家老师们的顾虑是完全正确的，而地下物流方向的可塑性始终吸引着我们团队的研究。地铁不行，那就换综合管廊，在新一轮SRTP开题答辩中我们的研究终于得到了认可，被评定为国创项目，这对我们来说是莫大的鼓舞，就像是走到路的尽头时忽然出现了光亮，找到了新的路。随后在老师的指导下，我们又从地铁角度出发，摒弃原有思路，利用现有资源原创了地铁物流的“众包”服务模式，一路闯进互联网+创新创业大赛的国赛。如今我们团队仍在进行国创项目的研究，同时更加关注理论方面的研究，为实现地下空间集约化利用，我们一直在路上！

在三年多的大学时光里，在课堂内外的学习中，在夜以继日的奋斗中，“竢实扬华，自强不息”的精神始终激励着我坚持前进、永不懈怠。习总书记曾说，“青年的人生之路很长，前进途中，有平川也有高山，有缓流也有险滩，有丽日也有风雨，有喜悦也有哀伤。心中有阳光，脚下有力量，为了理想能坚持、不懈怠，才能创造无愧于时代的人生。”作为青年一代，作为西南交大人，我肩负着重要的使命，科创之路路阻且长，但我相信行将则至。未来，我将去往上海交通大学中美物流研究院深造，我将继续践行“竢实扬华，自强不息”的交大精神，潜心研究，学以致用，努力在专业领域发挥出自己的价值，让“交通天下，物畅其流”不再只是梦想。

获奖情况：

2018年09月，第四届中国“互联网+”大学生创新创业大赛四川省银奖；
2018年07月，2018年第三届全国高校智能交通创新与创业大赛二等奖；
2018年04月，西南交通大学第十一届交通科技大赛二等奖；
2018年04月，西南交通大学第九届大学生课外科技创新实验竞赛银奖；
2018年12月，西南交通大学第十届大学生课外科技创新实验竞赛银奖；
2017年11月，2017年海峡两岸物流仿真设计大赛特等奖；
2017年11月，第二届“日日顺物流创客训练营”全国铜奖；
2017年10月，2017年全国大学生数学建模竞赛四川省一等奖；
2017年09月，“百蝶杯”全国大学生物流仿真设计大赛西南赛区一等奖；
2017年07月，2017年Mathorcup高校数学建模挑战赛二等奖；
2017年06月，2017年第十四届五一数学建模竞赛二等奖；
2017年05月，2017年西南交通大学数学建模写作比赛一等奖；
2016年12月，2016年“新秀杯”数学建模比赛一等奖；
2016年06月，2016年西南交通大学数学竞赛一等奖。

创青春记忆

¤ 姓名：任科卉　　¤ 学院：经济管理学院

转眼已经大四，回忆起大学的点点滴滴，其实自己还有很多没有做。我不认为自己的科创能力有多厉害，但是在大学这几年，我体验了两种不一样的科创项目，虽说没有拿国家级的奖项，但是对我的人生有很大的影响，所以我也想分享给大家。这两种科创项目就是SRTP和全国大学生电子商务三创赛。这两个比赛我做的项目很不一样，一个是关于专业，一个是关于兴趣。

先谈谈我的SRTP吧，一进入大三，SRTP的信息就涌来，因为要拿创新学分，所以SRTP是必须做的。于是就和几个同学组了队，找了导师。当时的题目是导师给的，听到题目我感觉好难啊——基于关键链的项目进度成本研究。之前有学过关键路径，但对关键链没什么头绪，不过这个题目和我本身的专业还是很有关的，我想：做了这个项目，既拿到创新学分，又能对专业有些帮助，一举两得呀。因为转专业的缘故，当时，我才开始学运筹学，而这个项目的基础就是运筹学，所以当时还是有些心累的。前期我一直在看论文，由于自己有拖延症，论文都是断断续续看完的，导致脑袋里没有形成一个体系：这个方法为了什么？为什么引进这个方法？比其他方法好在哪些？这些还没弄清楚就阅读论文的话，后期真的会很痛苦，所以我建议将项目里涉及的基本概念弄清楚，之后再进行论文的阅读，这样头脑就会很清晰，也能发现一些疑点或是能突破的点。形成大体的系统之后，“创新”

这一大难题又来了，才接触这个领域，要想很快找到创新点，真的很难。我们的项目是在缓冲区的预警机制上创新，当时我还觉得很不错，到后来深入研究，发现只是将一些原有的数据细分，根本算不上创新。记得以前听一个老师说，做科研有两种方式：一是创新，二是总结前人的研究，进行对比分析，得到自己的想法。我们本来想进行创新，但是尝试了几次，效果都不是很好，只能将前辈们的方法进行细分与总结。后来导师建议将这个方法以一个实例进行展示，这样我们的研究方法就不会太空，也能更形象地展示我们的想法。我们很幸运最后得到优秀结题。

关于三创赛，当时也是机缘巧合，我问了以前的高中同学有没有做三创赛的经验。她一直在做多肉等盆栽的设计，也给我讲了很多关于花卉的知识,于是我们就把大的方向定下来——互联网+农业。我们打算做植物社交平台。

在寒假快收假的时候我们去了郫都区安德镇安龙村、崇州市白头镇五星村和都江堰的天马镇凤西苑，对当地进行了考察，发现那里具备种植的条件，但是很多花卉植物都销售不出去，最终烂在土里。“是什么”“为什么”以及“怎么做”，这是一般解决问题的顺序。问题是什么——贫困地区的花卉销售不出去、缺少顾客来源；为什么会出现这种情况——根据我们的了解， 三个村落有各自的特色。郫都区安德镇安龙村是以特色花卉与特色绿植为支柱产业，但是缺乏销售的渠道，优质的花卉卖不出去，最终烂在田里；都江堰天马镇凤西苑的耕地质量好，但是耕地面积小而分散，没有办法进行大规模的机械化种植，农民收益极低；崇州市白头镇五星村在当地政府的扶持下，大力发展旅游业,现在已经具有乡村别墅等旅游配套设施，但缺少顾客来源。我们该怎样改善这种情况？因为是互联网+农业，必须要引进互联网，现在电商已经与生活密不可分了。社交平台的引入，拉近了农户和爱花一族、爱花一族与爱花一族之间的距离。最终我们提出五种产品服务：（1）特色农产品销售；（2）虚拟种植，线上虚拟化游戏种植和线下真实帮种的方式；（3）室内绿色植物景观设计；（4）花友社交平台；（5）农村深度体验游。因为这五种方式我们没有面面俱到，有很多地方需要细化，当时得到了四川省三等奖，虽然名次很普通，但我从中收获的很多，如果当时选一个方面去细化，也许效果就能更好。

做SRTP的时候我大多时间都是在阅读论文，吸收前辈们的观点，而做三创赛更多的是实地考察，自己去想办法。这两种方式不能说哪种比哪种更高大上，应用型研究和理论型研究当然是不一样的，但都很有意义，很幸运自己在大学四年体会了两种不同的研究方式。

其实很多时候，看上去很高大上或是很难的东西，你只有亲手去做，才能真正地了解它。你可能因为没做过而产生畏惧，也可能一来就想拿奖，功利心太强而导致失去了研究的意义。我们经常听到“活在当下”，做研究也同理，不要计较得失，只是去认真做，你的思想就会比较发散，而不是急于解决。就算没做成功，你也会有或多或少的收获。比如，你提出了一个新的想法，你的项目中某一点很新颖等等。

获奖情况：

2018年10月，获西南交通大学国家奖学金；
2018年11月，获西南交通大学“三好学生”称号；
2018年08月，获全国大学生电子商务“创新、创意、创业”大赛四川省三等奖；
2017年12月，获西南交通大学“优秀学生干部”称号；
2017年05月，获西南交通大学“优秀共青团员”称号；
2015-2017学年多次获得西南交通大学综合奖学金。

我的“斜杠青年”养成之路

¤ 姓名：邵子萌　¤ 学院：土木工程学院

2018年12月9日，西南交通大学的校名再一次地响彻在北京外研社国际会议中心的千人大礼堂里。颁奖完毕后，我捧着全国英语写作一等奖的荣誉证书从后台返回坐席，在礼堂门口见到了这段时间一直陪我备赛的指导教师徐晓燕老师。徐老师看到我，立刻给了我鼓励与祝贺的拥抱，激动地对我说：“写作全国一等奖，交大之前还没有拿过这个奖项。你是第一个闯进写作国赛的，还取得了一等奖，太不容易了！”回顾整个参赛历程，来自924所高校的共218 496名参赛选手，经过校级初赛、省级复赛的层层历练选拔，最终筛选出91位来自全国各省的英语写作高手入围全国总决赛。我在大学的最后一年，能够代表四川省、代表西南交通大学成为这91位中的一分子，倍感荣幸，也倍感骄傲。

在颁奖典礼的前两天，外研社为从全国各地前来参加“外研社杯”全国英语演讲、写作、阅读大赛的参赛选手策划了特别活动，邀请了历年外研社杯赛事获奖的选手前来分享比赛带给他们的收获。他们有的还在国外继续深造，有的已经进入央视成为驻外记者，有的成为企业高级翻译、同声传译。他们有扎实的英语基础，又有精湛的专业知识，是不折不扣的复合型人才。除了爱好英语，他们还都有一个共同点，那便是，他们都是“斜杠青年”。

《纽约时报》专栏作家 Marci Alboher，发现纽约很多人拥有不止一个身份，他们在介绍自己的时候通常用“／”（斜杠）来区分不同的身份。

于是她写了一本名为*One Person/Multiple Careers: A New Model for Work/Life Success*的书来表述这种现象，并且称这些人为“斜杠青年”(Slasher)。“斜杠青年”不满足单一职业和身份的束缚，而是选择一种能够拥有多重职业和多重身份的多元生活。

古今中外，杰出的“斜杠青年”并不少见，倘若他们生活在如今这个年代，那么他们的称谓或许会变成以下模样。当我们介绍本杰明·富兰克林时，会称呼他为：本杰明·富兰克林，美国政治家/外交家/物理学家/出版商/记者/作家；当我们介绍达·芬奇时，会称呼他为：达·芬奇，意大利著名画家/发明家/哲学家/诗人/建筑工程师/军事工程师；介绍鲁迅时，则会是：鲁迅，中国著名文学家/思想家/翻译家/五四新文化运动的重要参与者/中国现代文学的奠基人；介绍林徽因时，则会是：林徽因，中国著名建筑师/诗人/作家/教师/人民英雄纪念碑和中华人民共和国国徽深化方案的设计者之一。他们作为“斜杠青年”，有着积极进取的乐观心态，做着自己想做的职业，过着自己想过的生活。这种多元化的人生固然忙碌，但也很充实。在喜欢的事情上不断探索，丰富自己的人生，又何尝不是一种幸福。

我也想成为像他们一样的“斜杠青年”。此时已经大四，即将毕业并开启研究生生活的我坐在观众席，逐渐陷入沉思。回顾我整个大学生涯，扪心自问，自己能不能算是一名合格的“斜杠青年”。我竭尽所能，尝试着用斜杠去概括自己的大学四年：邵子萌，西南交通大学土木工程专业本科生/英语双学位/国家奖学金、唐立新奖学金得主/“十佳”团支部书记/优秀学生共产党员/国际青年志愿者/英语系期刊编辑/专四成绩最高分保持者。虽然和本杰明·富兰克林、达·芬奇等旷世奇才的履历相形见绌，但从定义上讲也能多多少少算是一个“斜杠青年”。

“斜杠青年”的养成之路是认识自我、探索自身诉求的自省之路。大二开始，土木专业的课程日益繁重起来，我也开始学习各种力学知识，探索物理世界的奥妙。终日和力学、数字打交道的生活虽然让我忙得不可开交，但也让我感到些许空虚。我在一次和朋友的闲聊中，突然发现自己上了大学之后看过的本专业之外的名著竟屈指可数——*Animal Farm*、《西方哲学史》和《单向度的人》——其中大多数还是通识课程上老师布置的阅读任务。想起大学入学前曾给自己定下的大学期间要多读书的许诺，我不禁唏嘘不已。或许是大学理工科的课程太过繁重，或许是大学课余生活太过多彩，或许是不知不觉养成的不愿深度阅读和思考的习惯，让我逐渐远离那个曾经在初中、高中不断吸引着我的书中的神奇世界。我依旧记得在“西方现代化视角下的英美文学”课堂上听到的一句话，“文学融合了哲学的观念和历史的事例并与艺术相结合，完成教育的目的。大自然的世界是铜的，只有作家带来金的世界”。我们所创造的世界不仅仅需要钢筋混凝土筑成的框架外壳，还需要文学赋予其灵魂，让我们得以通过阅读去探索，去反思，去提升，或许这就是“五有交大人”中需要有“科学素养和人文情怀”的最好阐释。于是，为了能够鞭策自己多去阅读，多去反思，我大胆地申请了外国语学院英语系的英语双学位，开始了紧张充实的双学位之旅。外国语学院英语系的培养一方面是对英语技能的提升，一方面是对批判性思维的训练。我也曾担心第二专业的学习会占据较多的学习时间，从而影响第一专业的成绩。但是事实证明，在全身心投入两个专业的学习时，二者也能够相互促进。在大三时，我在土木工程学院以年级第三的成绩获得国家奖学金和唐立新奖学金，并受邀成为英语系期刊编辑，这或许是对我的选择的最大的肯定。成为一名“斜杠青年”，需要经常自我反思，了解自身的精神诉求，不断完善和提升自我。

“斜杠青年”的养成之路是挖掘自身兴趣、体验人情冷暖的探索之路。通过双学位的学习，我认识了我本次大赛的指导教师——徐晓燕教授，也是我语法课和议论文写作课的任课老师。徐老师的语法课面向的对象是英语专业本科生，讲授的是学术语体中的语法现象。语法对很多人来说是一门很头疼的科目，但是我却极感兴趣。可能是出身理工科，善于发现现象与总结规律的缘故，我发现英语语法十分系统和规律，并渐渐对语法产生了较为浓厚的兴趣。跟徐老师接触一段时间之后，我了解到徐老师在句法复杂性方面有较为丰富的科研经历。好奇的我检索了老师的论文来读，这是我第一次接触应用语言学领域的研究。面对一个全新的领域，我神奇地发现原来语言也可以作为一门科学来研究——通过对语料的处理、分析，提取数据、分析数据，得出结论。应用语言学通过这一熟悉的范式一步一步地去揭开语言神秘的面纱，指导着二语教学与二语习得。在大三阶段，我与徐老师联系，申报了SRTP项目，作为一名英语第二专业的学生，开始了对句法复杂性的探索与研究。对于句法复杂性的相关研究国内外已有很多，我面临的首要任务就是要去推陈出新，凸显自己研究的价值。定题阶段是最为艰难和关键的一步，而这一步离不开大量的阅读。在定题的过程中，徐老师也给予我较大的帮助。作为翻译系主任，徐老师需要兼顾教学、科研与管理，时间想必十分紧张，但每当谈到科研，徐老师总是有足够的时间和我探讨，交流。徐老师和我不断分享彼此的阅读成果，有时甚至在QQ语音上聊到深夜。通过阅读大量的英文文献，我看到学者不断对已有的学术观点不断挑战，总结前人的研究，发现其局限及其不足，并设计实验研究去印证或改进或反驳前人的观点，这对我产生极大的启发。我和徐老师通过总结经典的句法复杂性的研究，结合最新的科研成果，发现了新的研究视角，并决定从理论上进行创新。我十分享受和徐老师进行深刻讨论的过程，SRTP给我带来的不仅是对科研流程的熟悉，不仅是对检索和阅读英文文献的本领的锻炼，也不仅是对撰写文献综述、确定核心构念与整体框架的能力的培养，更重要的是对批判性思维的养成，是师生之间浓厚情谊的建立，这些使我能够在“斜杠青年”的养成之路上感受到科研的严谨，以及人情的温暖。

“斜杠青年”的养成之路是学习崭新知识、提升自身素养的历练之路。大四上学期，在徐老师的鼓励下，我报名了“外研社杯”大学生英语挑战赛的写作比赛。经过句法复杂性研究以及议论文写作课的学习后，我对英语语言掌控得更加娴熟，并轻松地通过了西南交通大学赛区的选拔，进入四川省复赛。已经大四并顺利保研的我本已无欲无求，因此对省赛也是抱着一颗平常心，在比赛当天较为轻松地完成了议论文和说明文的写作任务。等到颁奖典礼和公布成绩的时候，我意外地得知自己的得分是全省第二名，这意味着获得了进军全国总决赛的参赛资格。作为西南交通大学首个能够入围写作全国总决赛的选手，我切实感受到了一定的压力，也希望自己能够在全国总决赛上拿到一个较为优异的名次，在本科期间为母校再添一项荣誉。兴奋之余，便是紧张地备赛。全国决赛规则是在3小时内按要求完成一篇800字以上的议论文和600字以上的记叙文。记叙文对我来说是较为陌生的文体，自从高中开始便未进行过记叙文的创作，高考语文作文也基本是要求写议论性质的文章。在大学阶段，无论是写的课程论文，还是读书报告，基本也是以说明文和议论文为主。因此要在考场上有限的时间内完成一篇记叙文的英语文学创作，对我这个理科出身的工科学生还是十分有挑战性的。徐老师在省赛结束后第二天把我叫到办公室，送给我近十本教材，叮嘱我说："比赛到了国家级别，大家的语言都没得说，若想出众，需要写出有思想、有深度的文章。"因此，在备赛过程中，我一方面在徐老师提供给我的教材中学习英语记叙文的写作——人物、环境、语言、思想活动的描写等，一方面阅读文学经典，提升所写出文章的文学性与思辨性。对一篇篇议论文进行细读和剖析，学习如何去论证自己的观点；在文学世界里中感受艾米丽的爱情悲剧，小王子的无邪人生，简爱的不屈反抗，学习刻画人物和推动故事情节发展的方法。经过不断的阅读和练习后，自己也愈发能够驾驭记叙文文体，在议论文写作中也能将观点阐述地更加深入，在阅读文学作品以及思辨性较强的论文时可以在短时间内抓住文章的中心思想。备赛锻炼了我获取新知识、学习新知识的能力，不断提升自己多方面的素养，也进一步把我培养成了一名合格的"斜杠青年"，这是竞赛给我带来最大的收获。

一个人的人生有无限的可能性。你可以在其中选择一种可能性，坚持到底并充实至极致；亦可以选择去拥抱所有的可能性，成为一名"斜杠青年"。前些天一位在北京外国语大学读研的"斜杠青年"学姐在朋友圈的一番感悟颇有道理，适合送给所有的有志青年：走到今天，一方面想不断打破专业的局限，去拓宽自己的兴趣和研究领域；另一方面，却也经常面临着身份的焦虑。尽可能兼美，倘若不能，也只得承认，是自己的选择。开弓没有回头箭，只能往前

获奖情况：

在校期间获国家奖学金、唐立新奖学金、特等综合奖学金；

获西南交通大学"优秀学生共产党员""十佳团支部书记""三好学生标兵"，土木工程学院"十大优秀本科生"等荣誉称号；

"外研社杯"全国英语写作大赛全国决赛一等奖；

全国英语口语测评大赛(NSEC)全国一等奖；

美国大学生数学建模竞赛二等奖。

路

¤ 姓名：童心豪　　¤ 学院：土木工程学院

鲁迅先生有句名言：“其实地上本没有路，走的人多了，也便成了路。”万事万物都有一个起源和发展的过程，这不禁让我思索，一个人的科创之路也是从无知、迷茫到清晰，只有我们的心中抱有更多希冀、勇于挑战更高峰，才能让科学之路愈行愈远，愈行愈宽。

回想蛮荒亘古的时代，人们只会用原始的石器捕捉鱼虾、野兽，住在阴暗的溶洞或是陡峭的山坡，他们不知道哪天就因为野兽的袭击或是风雪的降临而丧失了生命；然而当他们感受到火的温暖时，他们开始学会钻木取火，学会制造简单的工具，学会搭建遮风挡雨的房屋，他们逐渐发展成一个个部落，一个个小型社会。时间在更迭，正是由于满怀希望和渴求，让人们在时间的长河里不断地探索和发展。如今，我们上可看九天揽月，下可览五洋捉鳖，我们的书信不再需要翻山越岭，我们的思念不再需要漫长的等待，甚至于我们可以战胜祖辈们束手无策的疾病。多年前的那些人的异想天开，而今一一实现，我们已经来到一个有梦就有可能会实现的时代！而这些，都是科学的力量。

科学天地的浩瀚和广阔，有时让我感觉自己如此渺小卑微，但行走在科学的道路上，哪怕是仅仅作为一名学徒，我也与有荣焉。因为我们有那么多伟大的科学巨匠，我们能站在巨人的肩膀上一窥这山河瑰丽中藏着的秘密，看到微小如尘埃的物体中蕴含着的奇妙规律，看到整个世界瞬息万变、五彩斑斓的绮丽！

行走在科学的道路上，我倍加荣幸、倍加珍惜，期待自己能在科学的道路上，去摸索和发现这世间的奇妙物语，去见识生命中本以为的诸多不可能。

思路，明路，行路

还记得幼年懵懂时，大人们经常会问到："你以后最想做什么呀？"我想，大部分人的回答都是："我想成为一名科学家！"但是，随着每个人人生际遇的不同，这个梦想可能会慢慢被埋在心里。

每个人选择的路不一样，适合走的路也不一样。我无比庆幸自己多次在面临人生选择的岔路口时坚持着童年的梦想，让我至今能够走在科研的这条道路上。

进入大学以后，我发现自己不再是中学生时候的佼佼者，身边太多优秀的同学让我倍感压力。我发现"优秀"二字并不单指学习成绩好，综合实力强才有实在的意义，我将注意力转向他人，扪心自问：身边优秀的同学他们在做什么？本校优秀的师兄师姐们做过什么？知名学者们在学生生涯做过什么？带着许多问题，我不断思考自己之前做过的事是否都有用，我是不是走在一条正确的道路上？于是我发现："学而不思则罔"，学而不践则拙。因此，从大二起我开始参与各种科创竞赛，并取得了几项国家级的竞赛奖励。这些比赛让我明白：学习是为了更好地将知识运用于实践，而不是应付考试，在此基础上，我不断提高自己的阅读、写作和动手能力。终于，当我能够在某项竞赛中独当一面的时候，我知道自己走对了路。

大四的时候，对于科创的热情更是促使我选择了继续攻读研究生学位，决定到一个更深的层次去看看不一样的世界。在报考导师的时候，带着极大的幸运，我顺利投入了杨长卫老师的门下。杨老师方才而立之年，就已取得极其丰硕的成果，多次获得重量级荣誉，且为人实干，平易近人，就好像我的兄长般教育、关心着我，我曾不止一次地回想过：遇到杨老师，应该就是我一生的转折点，杨老师是我一生的榜样！

如今，我已经研究生二年级，一年前在我眼中的枯燥研究已经变得越来越生动有趣，我知道自己已经在老师的带领和同门的帮助下走到了一个崭新的台阶上。长路虽漫漫，但每一步不求迈得更远，但求迈得踏实，因为只有如此方能不忘初心！

路无涯，心有梦

在科研的这条路上，我取得了一点小小的成绩，但这条路上我遇到过许多崎岖的乱石和蜿蜒的漫道。唯有咬牙坚持，唯有紧跟师门的步伐，才能一步步跨越，才能一步步紧跟梦想。

我申请“四川省苗子工程”的经历依旧历历在目，是一段极难得的记忆。作为高校学生为数不多的可以主持的项目，“苗子工程”在我辈学子心中含金量非常高，对此我心中满是憧憬和斗志。然而当我了解到我校每年申请成功的案例不过一手之数，又让我不禁生起些许胆怯和苦恼。但是当我告知导师我的计划和担忧时，他严肃地对我说：“小童，这件事虽然难，但是做事不能因为难就放弃，越是难的事，作为科研人员越是应该有斗志！”受到导师激励，我暗下决心，不能知难而退，一定要战胜这个难关。

然而，作为一名入学不久的研究生，我在之前将更多的精力投入了使用软件、模拟实验和论文撰写上，却十分欠缺申请科研项目的经验。在这一段时间里，我一边兼顾着团队现有的研究，一边暗暗琢磨：申请科研项目应该重点关注哪一方面呢？是在于自己的文笔优劣、研究计划的好坏还是现今的科研热点上呢？一时间我难以抉择，茶饭不思，项目申请书也难以成文。

见此情景，杨长卫老师把我叫到了他跟前，语重心长地对我说：“小童，你知道研究生和本科生的最大区别吗？”我一时语塞，心里冒出很多个念头，但都马上否决，嘴唇动了动却没有说话。杨老师见我如此，温和地说道：“研究生最大的特点，便是要学会发现问题，一个个前人未曾解决或是没有彻底解决的问题，然后用各种途径加以解决。至于如何申请科研项目，你可以仔细品品这句话。”回到座位，我仔细想了想老师的话，联想到之前网上热传的一张图——它把我们现有的知识比作一个圆，而研究生就是要试图从一点上突破该圆的边界，于是我灵光一现，领悟到老师话中的真谛：申请科研项目，要从解决实际问题出发，重点叙述创新点，方能有所突破。最终，我成功申请到了项目，顺利开展了自己计划的研究。

诸如此类的经历还有很多，我明白这将不会终止，但我深知：科创之路无穷无尽，充满艰险，但我必当持剑开道、披荆斩棘，因为有梦者无所畏惧！

前路莫愁，天下知己

我脚下走过的是路，我心中所想的亦是路。

人生中会遇到许多条路，有的路坦荡无阻，这条路很容易并且路上的人很多，但是在尽头回首时会发现这是条泯然众人之道。有的路蜿蜒曲折，崎岖坎坷磨难许多，而且未必能到达顶点，但是在路上我们会看到最美的风景，会经历刻骨铭心的欢笑和泪水。我们所选择的路，无谓它是鲜衣怒马，也无谓它是欢呼喝彩，更无谓它是艰辛波折。只要选择了科创这条路，就意味着我们愿意秉持着崇高的心，将青春和岁月在这条路上挥洒。

毋庸置疑，科创这条路，将永远不会一帆风顺。袁隆平老先生沥心呕血，扎根广袤田野，终于发现杂交水稻的秘密；王梦恕院士脚踏实地，从基层一步步做起，为我国的高铁建设作出不可磨灭的功绩；黄大年教授赤子丹心，回国后弥补了我国的技术空缺，重病期间依然坚守于科研道路……多少辛勤与汗水，方能铸一条科研之路，方能成就一段悠悠史歌！

一路走来，我是幸运的。在参加创新创业竞赛、结构竞赛等比赛时，我遇到了许多优秀的队友，我们之间互相鼓励，彼此促进成长，我们将奇思妙想交汇融合，制作出一个个好的作品，我们一路前行，不问归途，不忘来路。现在，我更是身处于一个坚忍不拔、团结一致的团队，在“竢实扬华、自强不息”的精神下，我们携手并进，在导师的指导和关怀下，在每个人的不懈努力下，我们都有了自己主要完成的研究成果，亟待发表。

可能这条路我们才刚刚走了不远，路上尽是荒芜，偶尔可见一些杂草丛生，但我们愈往后走，愈能看到更好的风景：有那前人留下的点点稻香，有那身边绽放的朵朵小花，也有那脑海中留下的关于焦躁思索的苦恼和解开谜题的幸福感。这条路刚开始没多久，很窄也很泥泞，但坚持走过了这条小径，一定能来到一条康庄大道，最终布满彩虹、七彩缤纷。

我想，这条路不单单是我一个人的路，路上有亲如父兄的导师和手足情深的同门，也有许多出类拔萃的前辈和成千上万的像我这样的普通学子，正是这条路，我们才能被称之为“文明”，正是这条路，我们的生活才会焕然一新，也正是这条路，我们才能通向更美好的明天！

前路虽然未知，但是我们会广聚良师益友，共同开辟这条光明道路。我们一同走的这条科创之路，终究会与这片大地上的中华儿女们走的路汇聚起来，成为中华民族的复兴之路！

获奖情况：

中国岩石力学与工程学会优秀论文奖；
西南交通大学研究生结构设计竞赛三等奖；
土木工程学院征文比赛一等奖；
中国创翼 · 青年创业创新大赛创意之星；
创青春 · 中国青年互联网创业大赛优秀作品奖；
中国公益慈善项目大赛 · 大学生公益创客项目百强。

凝聚青春智慧，成就创新梦想
——体会金相之美

¤ 姓名：王航　　¤ 学院：材料科学与工程学院

我一直对“科研”一词感到既熟悉又陌生，熟悉是因为从事科研工作是我一直以来的梦想和愿望，而陌生是因为在一定程度上我对科研并不了解。2018年发生了很多事情，对我来说最重要的莫过于能参与到“科研”中来，即代表学校参加第四届“莱州华银·金相学会杯”（以下简称金相）全国高校大学生材料综合技能大赛。现在回想起来还是感慨万千。

还记得第一次接触金相是在大学一年级，一个偶然的机会，我与两位同学一起参加到了研究生学长的课题中，当时学长布置的第一次任务就是让我们制备金相试样。六张不同型号的砂纸，玻璃板，抛光机，蒸馏水瓶，抛光粉，还有试样，这就是我对金相制备实验的第一印象。当时学长跟我们强调了在砂纸上磨制试样时要注意用力均匀，防止产生斜面和台阶，给我留下了很深的印象。

二年级，在学习了专业知识之后，我才明白金相试样的制备对了解不同材料性能方面的重要性。组织决定结构，结构决定性能。对制备的金相试样进行显微观察分析，可以对试样的材料性能得到一个初步的分析概括，并可以制定相关热处理工艺使材料满足使用条件。

三年级，通过不断的金相实验我加深了对金相知识的了解，对专业知识的运用也越来越熟练。经过校赛后我被老师选中参加综合技能大赛，当时还是挺激动的。在考完试后的那段时间，老师对我们进行了集训，对金相制样的每个环节的细节进行了强调和演示。成都的夏天很闷，而我们参赛的同学那段时间过着三点一线的生活——宿舍、食堂、实验室。虽然闷热，但是充实，就仿佛回到了高中时代。俗话说“师傅领进门，修行在个人”，我们就在一次又一次的磨制、抛光、腐蚀、观察分析、总结中提升着自己的制样技巧，不断充实着自己。整个团队通过不断交流，对金相制备的一些步骤进行了变更和创新。虽然因为教学实习耽搁了几天，不能高强度练习，但在老师的带领下，我们与攀枝花的兄弟院校进行了交流和切磋，感悟颇深。

终于，7月21日我们踏上了前往桂林赛场的动车。我作为代表学校参加综合技能大赛的唯一一名选手，激动又紧张。比赛的前一天晚上老师针对赛场的实际情况对我们进行了最后的指导：对不同的材料要使用不同的制备方法，要懂得取舍，不要太紧张。我印象最深的就是要懂得取舍，在赛场的紧张氛围中，难免出错，此时就要懂得取舍，追求完美往往容易导致比赛失败。但在平常的科研创新中，完美和严谨却是必要的，不可缺少的。

经过两天半的激烈角逐，我们获得了好成绩，分别获得了第四届“莱州华银·金相学会杯”全国高校大学生材料综合技能大赛特等奖和第六届“蔡司·金相学会杯”全国高校大学生金相大赛特等奖、一等奖、二等奖。我们的付出终于有了回报，而这一切离不开我们指导老师的付出，也离不开我们的努力练习，离不开我们团队的配合交流。正如我们老师所说，交流中出想法，实践中出创新，创新中出成就。

通过此次的比赛，我受益匪浅。

这次比赛增强了我的创新观念。在集训期间，我积极地与老师和团队其他成员进行交流，对制样的一些细节提出了自己的看法和见解，并在实践中进行了应用，得到了大家的赞同。

这次比赛加深了我对科研的了解。从最开始的略知皮毛再到最后的侃侃而谈，科研之路任重而道远，但我也相信随着学习的深入，我对科研两字的认识会越来越深刻。

这次比赛增强了我的团队交流能力。虽然之前我也知道一个科研团队交流的重要性，但当自己加入其中后，才明白团队交流不是自己想得那么容易。通过不断地磨合，团队交流才变得好起来。

经过这些比赛我体会到了金相之美。每一门学科都有其特别和美丽的地方，金相学的魅力也要在不断地学习和实验中才能体会得到。

恰同学少年，风华正茂；书生意气，挥斥方遒。把握青春年华，凝聚我们的智慧，在科研创新的路上一步一个脚印，脚踏实地地走下去，我们的梦想就在前方不远处等待我们。

获奖情况：

第四届“莱州华银 · 金相学会杯”全国高校大学生材料综合技能大赛特等奖。

我与科研谜一般的缘分

¤ 姓名：吴金结　　¤ 学院：材料科学与工程学院

时光荏苒，距离我第一次接触实验已经过去了2年又3个月了。我犹如一个向往远足却不知深浅的旅者，憧憬过、困惑过、动摇过；而在关键的时候，我遇到了引路人，让我经历了山重水复的风景，感受到了柳暗花明。在我毕业在即，又要赶赴研究生之旅的此刻，心里更多的是期待和坚守。

作为一名本科生去做科研，如何坚持下去？作为基础薄弱的本科生的我又能得到什么收获呢？或许很多人，包括我自己，会对此持怀疑态度。人们通常认为很少有老师会在乎本科生并倾心去教导他，也鲜有本科生有大量的时间并从一而终地坚持着这一艰苦的科研旅途。而我就是这么一个“幸运儿”，在对的时间遇到了自己的导师，让我在这两年的时间里坚持下去并收获了本科生涯最难忘的经历。

兴趣是最本源，也是最有效的科研动力，所有对于科研的期待在历经浮华之后都会消散，只有保留着兴趣，科研才会呈现出其真正的精彩。我最开始接触实验是为了拿到学校规定的创新学分，但导师似乎并不觉得我们是来混学分的，反而对我们抱有期望。我最初面临的就是最为基础却最是考验耐心的合成原材料羟基磷灰石分，而合成原材料是一项看似磨洋工却考验学生是否有良好动手能力的任务。最开始的个性化实验，我们要做的不多，就是合成符合要求的材料并做出成品。这在研究生看来似只需要一周的任务，却让我们足足做了5个月，滋味难以言表，但是成品出来的那一刻，我感受到了一丝光亮。正是这一束星光，触动了我内心跃跃欲试的生机。我或许还能继续前行，不，我应该继续前行。为了前路更值得探索的风光，为了内心隐隐期待的豁然。

一种力量从心底涌起，我准备做些什么。我向我的导师提出了继续从事科研并申请了校级SRTP项目。这注定是一段让我“爱恨交织”的科研之途。

说实话，当时的我无法沉下心学习，SRTP项目更多是为了妆点一下我的本科生活，并非完全是为科研。可是我遇到了一位十分负责的导师，让我不得不严阵以待地面对实验。她把她最为主要的研究交到了我的手上，并且没有任何参考，需要自行摸索与设计。接下任务最初的那段时间我还是懵懵懂懂的，导师干脆利索的性格没有给我停歇的余地，她手把手地教授我如何培养细胞，如何使用仪器，教授几次过后就放手让我行动。起初，我独自实验过程中并没有出现重大失误。就在我以为一帆风顺的时候，以为实验即将进入正轨的时候，细胞出现了大面积污染。可能是操作不当，可能是天气炎热，也可能有其他原因，多次的污染几乎耗尽我的耐心，但是导师一直鼓励我：你已经做得很好了，我觉得你还是很有培养细胞的天分的。我坚持下来了！为了锻炼自己培养细胞的技能，我花费了一个多月的时间去积累经验，不断改进。

有了培养细胞的经历，我关于微振动对于磷酸钙材料影响的研究进展颇为顺利。在我自以为没问题的时候，导师指出我数据不完善、不准确的问题。所以我要增补各种数据。好吧，我发现人就是在挫败中成长的。在导师的鼓励与指导下我的细胞培养技术越来越得心应手，论文数据也完善了，我完成了我本科期间的第一篇文章，并自以为是地投了出去。当论文修改意见书到我面前的时候我才发现自己文章的漏洞太多！挫折下的我怎么能低头呢？新一轮的增补实验数据、修改文章格式开始了，在这一过程中我收获满满。从开始到结束这7个月的时间里，我受到了同学的质疑，内心也有过动摇，其中滋味可谓五味杂陈。无论如何，我坚持下来了。经历挫败，应该是科研之路中无法避免的关隘；质疑和困惑，也是期间必然遭遇的心曲。

坚持不是说说而已。随着实验的开展，我所要做的就不仅限于浅显的材料或者单纯地养细胞了，而要学会更加高端的实验方法，就需要不断去学习，去实践。研一或者研二师兄师姐都没有掌握的PCR以及WB实验，我要去学习。导师和我说：只有自己掌握的，才能拥有自主权，你以后是要做科研的人，不能囿于当前的眼界。虽然到现在我也无法很好掌握整个实验过程，但在学习的这一段时间内我能够做到不断地修正，不断地进步，一次比一次更好。每每看到自己做PCR的结果误差越来越小，无效样品越来越少；看到自己WB实验的蛋白第一次曝光，再一次的更加清晰，我便认为我的坚持是正确的。虽然过程很曲折，要面对师兄的训诫，但是作为一名即将踏入研究生生活的学生，只要实验顺利，那么这些问题都是“浮云”。

我的本科成绩或许不够优秀，但是我的“科研”经历让我的大学生涯很充实。从开始的懵懂并抱着混日子的心态去参加个性化实验，到敢于承担校级SRTP项目的负责人职位，到现在担任国创负责人，有目的地设计自己的实验方案，并大胆尝试将自己的项目申报全国大学生生命科学竞赛，最终不负老师期望，拿下国家一等奖。一次一次地经历老师对于项目的拷问，面对评审老师的质疑，从开始的不知所措到现在的内心笃定，我不去跟人比优秀，我只在乎自我的成长。我说，我谜一般的科研之缘，就说的是一段自己的成长历程。我在寻找自己，寻找自己的本真，其实也是在寻找这个世界的精彩。

我知道，将来的科研之路，会面临无法预知的挫折；我更坚信，未来的探索之途，将面临无可言说的奇妙。如此，那说不尽的披星戴月，夙兴夜寐，将是我的素描和剪影。至于会收获多少，在峰回路转处，在望断天涯时，我期待着。

获奖情况：

2018年01月，四川省生命之星一等奖（省级）；

2018年11月，全国大学生生命科学竞赛一等奖（国家级）。

我的数模路

¤ 姓名：许江辉　　¤ 学院：竺可桢书院

每一次比赛结果公布，用颤抖的双手去查询成绩时，我总是思绪万千。尘埃落定，所有的期盼都变为现实，所有的努力都得到回报，脑海里涌现的是建模的三天三夜的种种场景，三个不同专业的小伙伴，洋溢着对数模的热情，从陌生到熟悉……

谈起数模，有很多话想说。

在刚入大学校门的时候就听说了数学建模，而且刚开学那段时间就刚好是2016年数学建模国赛的比赛阶段。本着对数学的着迷，再加上对陌生领域的好奇心，我的挑战欲彻底被激发了，我要学习数学建模。

军训期间的社团招新，我迫不及待地加入了数学建模协会。

协会中有建模经验的学长给我推荐了《数学模型》，这本书比较全面地介绍了数学建模中一些基本的模型和方法，可以全面地了解数学模型，很适合刚入门的建模人。也有老师推荐《数学建模的算法与应用》，通过这本书，我们可以深入去了解数学建模，将建模和软件应用结合，同时提高我们的编程能力。

刚进大学，离开了中学的束缚，我对很多事情都很感兴趣，有很多目标和愿望想去实现，再加上课程安排得很紧张，我的数学建模兴趣在不知不觉之间被冲淡了。我越来越少把时间花在数学建模上，渐渐地，很多时间和机会不了了之……

一年过去了，大二了。“鱼和熊掌不可得兼”，我似有所悟，我没有时间和精力同时去把很多件事情同时做好。看到被我荒废了的数学建模，我感到很心痛，必须要做出一些改变了。

2017年12月，我参加了学校组织的数学建模“新秀杯”比赛并拿到了三等奖。2018年4月，拿到了Mathor Cup高校数学建模联赛的二等奖。2018年5月，拿到了“五一”数学建模联赛二等奖。

大二学年可以说是为数学建模疯狂的一年。每一次数学建模竞赛都有一段难忘的经历。短短的三天时间，让原本陌生的三个不同专业的人变成好朋友。数学建模让我学到不同领域的知识，从工厂选址到移动支付的盈利模式再到高校的教育评估，受益匪浅。在那忙碌的72个小时中，也有来自队友心照不宣的鼓励，一个眼神、一句话、一个动作，都会让人倍感温暖。我有幸遇见我的队友，感谢优秀的他们。

2018年6月，我们又参加了学校组织的国赛选拔赛。经历了Mathor Cup和“五一”联赛，我们信心满满，想要在国赛赛场上挥斥方遒，指点江山。因为在我们学校流传着一句话：没有做过国赛的数模人不算完整的数模人。

但这一次我们折戟了。国赛入选的正式队员里没有我们的名字。看到结果后的第一反应是大脑一片空白。我想我的数模生涯在这一刻结束了吧。

就这样过了两周没有数模的日子。但我和数模的缘分却好像并没有断。因为人数要求，老师又找了一些参加过数学建模竞赛的同学，我很有幸也被选中了。

8月份，国赛培训，我和队友都很重视，我们根据自身的优势和劣势，进行了合理分工。培训期间，我们要写三次题目，熬夜变成了我们的家常便饭。每次交完题目，老师讲解之后，我们都会抽时间交流论文中存在的问题，并对重点进行备注，让本题的失误变成下题的经验。两周的培训很快就过去了，这段时间的锻炼为我们在国赛中的密切合作，从审题到选题、从查阅文献到制定算法、再到编程实现、论文书写以及最后的完善修改奠定了好的基础。学到的很多建模经验在实战中是很有用的：摘要很重要，要做到简洁精要，有逻辑并且完整；图表结合时要注意排版。与此同时还要注意把握好时间，论文尽可能提早着笔。

国赛时有些紧张，但更多的是激动，可以和全国高校的数万支队伍较量，如在战场，有一种“八百里分麾下炙，五十弦翻塞外声，沙场秋点兵”的感觉。

从刚开题的热烈到后来诡异的安静，流逝的不仅仅是时间，还有此刻我们飞转的思路，争分夺秒，但有条不紊。入夜，电脑房里弥漫着咖啡的气息；每个人眼中都布满了血丝，却看不到倦意，还在讨论着思路，我们没有去睡觉，多次的建模经历已经培养了我们的熬夜能力。循环往复，一遍遍地否定自己，重新建立模型，不断地完善，再进行编程实现。到了第三天，我感觉身体已经不属于我，脑子分成两部分，一部分很清醒，另一部分却是一片空白。再到最后修改论文时，我感觉整个人都是在机械中度过的。

就这样，国赛在“从开题到换题，从换题到放弃”“从开题到瞎编，从瞎编到得奖”这样的调侃声中过去了。最终，我们拿了省一等奖，但我们心满意足，毕竟从国赛中学到的是从其他比赛中学不来的。

与从数学建模竞赛收获的荣誉和名次相比，我认为更重要的是认识了很多优秀的志同道合的朋友，同时拓宽了知识面，提高了自身的素养。

参加数学建模最明显的是有助于提高快速学习的能力。如果赛题的领域自己并不熟悉，那么首先要做的是在短时间内掌握到该领域内与题目相关的有效知识。参加数学建模竞赛还锻炼了我在困境中不轻言放弃的毅力。比赛过程中总会遇到种种困难，从知识积累到模型建立再到编程实现，需要我们有毅力静下心来，不断学习，提升自我，最终克服困难，成功解决问题。

路漫漫其修远兮，吾将上下而求索。我的数模路不会停止……

获奖情况：

2018年05月，第八届Mathor Cup高校数学建模挑战赛本科组二等奖。

我的科创之路

¤ 姓名：薛璇　　¤ 学院：生命科学与工程学院

“3：10”。

写完期末最后一册实验报告时，已经凌晨了，转了转头松松脖颈，忽然意识到已经很久没有这样熬夜了。上一次凌晨三点醒着，还是这学期伊始。准确地说是9月15日，数学建模国赛的第二天。

提到数模，说它是我大学生活中最难忘的经历也不为过，一想到那段时光，脑海中还是一幕幕清晰可见的画面，仿佛以前的一切就在眼前：我们三人刚刚背着书包，互相打趣着走出教学楼。这一幕在我的记忆中尤为特殊，它既象征着开始，也象征着结束。

2017年11月21日，“新秀杯”数学建模比赛的日子。这是我们三人一起参加的第一个比赛。不得不承认，一场实战带给一个新队伍的成长远超过一个学期不温不火的相处。

“新秀杯”放题第二天，当晚在第二报告厅听完赛题讲解后，我们打算找个教室继续讨论题目。在二教转了一圈，好不容易找到一间没人的教室，坐下后才说了没两句，就有人进来告知我们这间教室已经被租用了。当时光顾着讨论题目，三人拎着书包也懒得再去找什么空教室了，就干脆坐在了楼梯口的凳子上拿出电脑，边看题边讨论。11月的天气，又是个透风的楼道口，凳子还透着金属的冰凉。真不知道是什么样的热情支撑着我们，在这种环境下不仅坐到了半夜，还讨论得热火朝天。背着书包回去的时候，三个人像找回知觉一样，因为寒冷而不住地发抖。一边抖一边又激动地讨论着题目，走上了桥面走过了犀湖。这样的场景，一次又一次地出现在我们一起建模的日子里。

这次新秀杯着实让我们尝到了11月冬季寒冷的苦头，至于后面为什么“好了伤疤忘了疼”，就是后话了。说回新秀杯，比赛进行到第四天，我们不得不面对一个现实——进度过慢。虽然那几天下午下课后我们都在一起待到半夜，但因为队内有两个第一次做数模的新手，效率不高。我们的队长，因为之前就参加过很多次建模比赛，觉得进度不能再拖了，语气略带严肃地告诉我们：“今晚无论如何，我们得把进度提上来。”

当时真不知道为什么脑子一热，能在寒冬腊月的日子去最冷的七教待个整晚。三个人又是抖筛子一样地回宿舍的。周末坐在咖啡店里修改完善论文的时候，人生第一次由衷地感慨温暖的可贵。

2018年12月18日，我们三个选修的建模课布置了期末论文作业，老师选了研究生建模赛某道题目的前一问，让大家建模并提交论文，作为期末打分的依据。

我清清楚楚地记得，新秀在咖啡店里改论文时，三人还做了“君子协定”：期末论文随便做做就行啦，期末还有那么多要复习的科目，就不一起认真做啦。

12月24日晚上，又一次在七教冻得瑟瑟发抖的时候，不知道他俩有没有那么一会儿想起过这个形同虚设的约定。

期末论文期间，还发生过一件让我们触动很深的事。期末论文题目发布以后，老师让大家在课堂上讨论题目，助教老师在全班统计A、B题的选题情况（建模比赛一般都有几道题目，侧重点各不相同，每只参赛队伍会根据自己队的情况选择更有优势的题目）。当时我们选做了B题，一种之前没尝试过的类型，美名其曰“拓展业务水平”。B题是视频中人像的提取问题，主攻写代码调程序的同学，有一个函数不会用，去请教助教老师，老师说他也想不起来具体的，回去查一下再告诉我们。当时我们都以为老师的话只是一句推辞，毕竟一个班那么多人，老师根本不可能记得我们的名字，更遑论查完再告诉我们了。

出乎意料的是当天晚上就收到了助教发来的解答，队友感谢了老师后，忍不住问了句：“老师，你是怎么知道我名字的啊？”老师的回答我现在还记得清清楚楚：“选B题的一共就两个组，而且今天上课，讨论的时候，班里的同学基本都在聊天或者做别的事，你们讨论得最认真。让我想起了我大学和队友一起做建模的时候。”要知道，助教在他的大学时期，获得了建模国赛一等奖的奖项。但凡做过建模谁没有个国赛一等奖的梦想，因此老师一直是我们的目标。一个你崇拜的人，对你表示了肯定，这是多么大的鼓励啊！

2018年的春季学期，我们经历了一个相当密集的训练期，大大小小的建模比赛接踵而来。兼顾专业课的同时，我还得不断参加比赛作为训练，提高能力为后面国赛做准备。为了能进一步熟悉模型完善思路，我们又报名参加了周末的建模培训课程。

那段时间，仿佛约定俗成一样，群里在晚上固定的时间汇报每天的学习进度，说一下明天的安排。三个人互相监督，互相激励。他俩是和我完全不同的那种学生，上课永远坐在最前面，下课跑得最快去问老师问题，课余自习室最常见的也是他俩。相比于目标明确，且每日勤勤恳恳为之努力的两位队友，我的大学生活简直是一团糟，学习成绩掉车尾，作息颠三倒四。每天一边浑浑噩噩浪费光阴，一边自怨自艾，困于现状，却不肯做出改变。因为比赛时的朝夕相处和每天群里聊天的互相鼓励，他们的一言一行都在无形之中影响着我，改变着我对现状，对未来的想法。在那段时间我才终于想明白了，生活中迷茫是常态，你不知道未来会如何，但你一定能想到怎样过好今天和把握住近在眼前的明天。

建模之于我，既然有愉快的记忆，也就不乏一言难尽的遭遇。记忆里不仅有寒冬腊月的手指不可屈伸，还有酷暑教室听讲座时眼前发黑的中暑经历，不仅有困意太重前一刻还在打字后一刻眼皮已经合上的时候，还有因为情绪崩溃想撂担子不干还得咬牙坚持的时候。既有麻烦队友一遍又一遍给我解释一个变量的时候，也有互相责怪一度想解散退赛的时候。三个人就这样磕磕绊绊走到了国赛。

2018年9月13日，数学建模国赛的第一天，相比往届，开题时间就与众不同——早八点调整为了晚八点。时间的突然调整也直接导致我们创造连续工作时间的峰值：连续工作近36个小时。

当晚7：50，我守在电脑前等待着八点整出题。官网上一放赛题，赶忙下载好带去打印店。我打量了一下四周，都是来打印赛题的同学。

手里捏着一沓子A4纸，一路小跑，等我到教室时，里面已经坐满了讨论题目的三人小队。三个人，三台电脑，一张长凳，是每个队的标配，国赛的气氛在一瞬间紧紧地抓住了我。

找到了我的两个队友把题目塞给他们以后，我也加入了讨论的行列。做过建模的人都知道，建模比赛的第一关：选题。选择是成功解题关键因素之一，选题一方面取决于对自身水平的认识，一方面取决于短时间内对题目的认识。

一般拿到题目以后，先看题，然后一起分析题目，梳理题目给出的条件，最终需要求解的问题，随后就得开始思量到底选择哪道。选题的时候与其说是在讨论，倒更像是在辩论。三个人对题目都有自己不同的认知，要做出最终的决定，就是要三个人对题目的认识达到统一。这个时候，你要讲出你自己的见解，提出对方认识的缺陷。老实说，气氛并不怎么轻松。任何一个人在说服别人的时候，都要做好准备承担选题做不下去的自责、懊悔。被说服的人也要做好心理准备，解题过程中如果出了问题，不能责怪他人，毕竟题目是大家一起选的。尤其面对这种一年仅有一次，意义重大的比赛，以前一场场的比赛，长时间的学习准备，都是为了这一刻。这时候选择的意义被再次放大了。尽管这次国赛选题，三个人一致决定做同一道题，但是我们依然十分担忧，因为不开始深入题目，谁也不知道自己是选对了题，还是跳进了一个坑。

一开始的进度倒是出人意料的快，选题顺利，切入题目顺利，建模顺利。如果真的这么顺利，建模比赛大概就要失去它本身的意义了。所谓“一次比赛，终生受益”，可不是因为一帆风顺造就的。

这天晚上我们回去的时候，三个人情绪都很高，一路有说有笑。少见晴天的成都，夜空在今天却十分明朗。

第二天，比赛的紧张气氛开始露出了苗头。一般建模第二天是拉开差距的一天，速度快的可以完成一两问，慢的会被死死卡在这一步。在第二天结束时，除去顺利解出第一问的参赛者，会出现三种心态不同的人。一种就此放弃，一种咬牙换题，从头再来，还有一种带着股“不撞南墙不回头”的倔强，继续解第一问。

晚上八点，第一问除了模型依然毫无进展的我们，不免有些懊恼，三个人抬起头来望望彼此，眼里都有些无奈。最主要的是，饥饿感催促我们是时候祭祭五脏庙了。索性也趁这个当口出去走一走，透透气，让大脑休息一下。走到楼口时才发现下雨了，雨不是很大，我们也就干脆走在雨中，感受雨滴落在皮肤上的清凉，在这种毛毛细雨中，疲惫的身心被轻柔的雨滴温柔地抚慰着，人很容易就放松下来了。

当题目卡住的时候，时间的流逝仿佛就在你耳边清晰可闻。9点到10点，毫无进展，换种方法尝试。10点到12点，停滞不前，继续查资料找新思路。12点到2点，没有头绪。在那天，十几个小时的时间里，没有人能说清自己到底点开了多少网页，用自己最快的速度看了多少论文。凌晨两点的时候，眼睛、脑力都消耗到了一个极限，最难熬的还是精神上的压力。三个人中压力最大的应该就是队长了，当时他一定在换题和继续做下去之间进退两难了很久。此时换题也许我们会在换题后面临同样的困境，万一这个关卡只差一点就要跨过去呢？如果不换题，就这样继续耗着，一直毫无进展呢？时间，时间，我们最缺的就是时间。不论是比赛时间，还是在校时间，毕业在即，这应该是我们在大学参加的最后一次国赛了，由不得我们不去珍视这次比赛的机会。

时间一点点逼近凌晨三点，教室里的人还有一半，这一半也许都在经受同样的考验。这只是比赛第一天，还有两天的马拉松在等着我们，必须要为第二天保存体力。这一晚只能接受卡在第一问的现实，回去休息，尽管每个人都有说不出的担忧和不甘心。

又一次在夜晚结伴走过那座分隔教学楼和生活区的桥，桥面的灯光为每一个行人照亮夜晚的路，犀湖依然静静倒映着上方的天空，只是阴天的夜晚没有星星。

第二天，自认为熬夜后起早的我，走进教室，惊讶地发现队长已经坐在那里了。当时没有多想，只觉得他来得很早，现在回想起来，任何人处于那样一种进退两难的境地，忧思也不会让他多得一秒的安稳。

简单的几句招呼和交谈，仿佛一切就如往常一样，但我们彼此心里都清楚，今天将是一场硬仗，一场攻坚战。越过这个坎，就是一路畅通，越不过，等待我们的也许就是遗憾收场，而这是我们最后一次机会，再也没有改写这次遗憾的机会了。

我抬头望了望四周，今天所有人脸上都有一层挥之不去的疲惫，但眼神却依然透着那种不服输的倔强。我们也不能灰心啊，只有用尽全力去做，才能在最后知道自己到底能不能成功。用力搓搓脸，我开始继续查文献读文献找解决办法，寻找那个缺失的关键条件。

埋下头去，再抬起头来发现时间快到一点了，这半天到底是怎样溜走的？问题依然毫无进展。教室里已经安静到了一种程度，被卡在第一问的憋屈、压力、懊恼像一层雾气一样，弥漫在整个空间，考验和磨练着每一个人身处其中的人。等外卖的时候，我们三个站在教室外的楼口吹风，看着远方那片不知通向何处的荒地，眼睛里虽然倒映着蓝天白云和一望无际的远方，脸上却是相同的凝重。

尽管对未来有难以言述的担忧，但是手下的工作不能停止，每个人都清楚，这也是建模教会我们最重要的一个道理。休息一会儿，还是得转身走进教室，还是要不断尝试解出题目。

时间在这样的僵持中不断流逝着，天色在不知不觉中暗了下来。这天下午不断有队伍解出第一问，教室里爆发出了阵阵欢呼声。也是在这天下午，有很多人也选择了放弃，三个人拎着全部家当离开教室去聚餐放松补觉了。来自两方的压力，“哐”的一下子被加在了我们头上，我们这种卡在第一问，又还没放弃的人头上。

傍晚的中途休息，是一个关键的节点。坐在楼道里的金属圆桌边，三把位置相对，正好能看清其余两人表情的凳子。我们看着对方，片刻的眼神交流和沉默后，终于提出了那个关键问题：要不要现在放弃？这次提出的放弃不再像以往是我们自我调侃的玩笑了，而是真的在思考放弃与否。问题被抛出后，又是一阵沉默。

“……两天了，一点进度都没有……”

“……我问了两个人，他们队都不做了……”

我是第一个投了放弃票的人，我现在还记得当时绝望的心情，觉得题目即使耗到明天依然会毫无进展，做到最后也毫无进展，我们什么也做不出来，熬了几天后，会像什么都没有做一样，倒不如及时止损。

就在我几乎觉得大家都要用沉默表示同意放弃时，另一个队友说话了：“我还是不想放弃，我想再试试，都已经做到现在了，我不甘心，不管结果怎么样，我还是想再试试。”

他的话让我想起了我们第一次做建模比赛的场景，同样是在晚上，同样是在教学楼的楼道，同样的钢制桌椅。想起了初次参加比赛时紧张和激动的心情。想起了那次我们作为一只菜鸟队，根本不会考虑比赛最终会有什么结果。我们只是单纯地想在一起做建模，一起去发掘题目解法，非常简单地享受其中的乐趣。

那时候做建模，脑子里只有这一步和下一步要做什么，不会去过分地预期结果，也不会过分地期待结果。

生命中其实有很多这样的片段：在某个看似平淡无奇的时刻，我们做了一件平常的事，说了一句简单的话。在很长一段时间后，我们突然回想起那一刻，才感受到，那是怎样重要又深刻的一个节点啊。

后来我们是怎样走进那间教室，坐在电脑前开始继续解题的，记忆已经十分模糊了。但那句在放弃关头坚定不移的表态，那句改变我们最终结论的话，却还十分清晰地在脑海中回响。

连续两天严重睡眠不足后，我们三个的状态都已经到达了一个极点。我作为写手，由于自身能力的限制，在这种重要时刻除了查资料基本出不上什么力。但如果题目能顺利解出，便需要我以最快的速度补全论文。为了确保自己的状态足以胜任这项工作，比赛第二天晚上十点，我成了队伍中唯一一个回到寝室补觉的人。

凌晨三点，闹钟只响了一声，就被我关掉了。没有迟疑地起身下床，这种在深度睡眠时刻强行起床的感受，确实不太好——脑子晕乎乎的，走路感觉头重脚轻。在便利店买了牛奶和三桶泡面，就急急忙忙地跑向了教室。到教室的时候，发现教室还有不少人。教室的最后面那张桌子上，一个队友在趴着补觉，另外一个还在盯着电脑，继续忙活着。把牛奶递给他时，看到他脸上的疲惫之色，我心里有些愧疚，愧疚自己不能在这种时候尽自己的一份力。

解题卡住的这段时间，我们不断去找新的方法，然后带着极大的信心去学习尝试，慢慢发现这种方法不成功，再去寻找另一种方法。找到新方法时的喜悦，尝试使用寻找到的方法解题的信心，渐渐发现这种方法不能解决问题的失落。一次又一次的循环，心理的变化也渐渐不再明显了。也许是经历了太多情绪上的起伏，真正打破僵局的时刻倒显得尤为平静。彼时，我们只是匆忙地进入了第二问的建模计算。

第三天上午十点，距离比赛结束论文提交仅剩十个小时了，但我们才刚刚做出了第一问，必须要在这最后十个小时，解出第二、三问，完成论文的写作，并且找老师修改论文。留给我们的时间捉襟见肘。

越接近结束，时间仿佛流逝得越快。大家这时候注意力全部集中在了题目上，时间的紧迫感让每个人心都提到了嗓子眼。我在三点钟写完了论文，当时感觉身边的两个队友都松了一口气。

但不到最后一刻，比赛对你的考验就不会结束。

我们忐忑地带着论文去找老师修改，不想却得到了思路混乱的评价。看了看表，觉得时间还允许我打乱顺序，重写第一问。甚至都没有时间因为老师的话语失落，受打击，赶忙就和队友一起再次整理了思路，对应着提纲，开始了论文的修改。在这中途，我又一次起身出教室的时候，发现队长在隔壁的简易床上睡着了，那个样子让我觉得又心疼又好笑。

论文如此大换血的修改让比赛的收尾显得火急火燎。临了简直是在掐着表计算着每一分每一秒。终于在距离提交时间还有二十分钟的档口，改出了最终版的论文。提交论文时，手都有几分不可控制的抖，再三确认提交成功后，我们三个像耗尽了最后一丝力气一样，瘫在凳子上。那一刻对我们来说，能完成比赛，就是最大的成功。

提交结束后发生的事情、心情，我已经忘得七七八八了。只记得那天回去的时候，手里抱着比赛时陆陆续续搬去教室的资料，沉甸甸的，心里还有几分感慨，做了这么多建模比赛，就在今天，提交的那一刻，宣告结束了。

这也是三人最后一次，一起走出教学楼，走上桥面，在夜晚越过犀湖。正如我开头叙述的，这是开始的场景，也是结束的场景。

不久前我们在一起吃饭时，谈到了建模带给大家的收获。每次建模都是一次自我挑战，在这三天需要高强度地学习没有接触过的知识，并且学以致用，学习到新的知识是一种收获。每次比赛那种“书到用时方恨少”的感受，会在之后的日子不断督促我们去更努力地学习，又是另一种收获。每次比赛的朝夕相处，比赛中的摩擦和欢笑，都会让我们的友情加深一分，这是最宝贵的收获。

我很感激当初那个带我走进建模的朋友。因为他的启发，才有了我对建模的第一次尝试，才有了后续参赛的经历，才有了这些集腋成裘的收获。

谁能想到一次尝试，就让我们三个坚持走到了现在，并且收获了如此真诚可贵的友谊呢？这正应了那句建模比赛的宣传语：一次参赛，终身受益。

获奖情况：

2017年，获得西南交通大学新秀杯数学建模比赛二等奖金；
2018年，五一数学建模联赛二等奖；
2018年，全国大学生电工数学建模竞赛三等奖；
2018年，全国大学生数学建模比赛一等奖（省级）；
2018年，“生命之星”科技邀请赛一等奖（省级）。

大学——科创梦起航的地方

¤ 姓名：杨明思　　¤ 学院：材料科学与工程学院

自从高中起，我就拥有美好的科创梦，下定决心在上大学的时候一定要做出一点成就。可是大学的现实却和我理想中的不太一样，不是曾经以为的条件艰苦仪器缺乏，而是不知道自己能做什么，我第一次意识到这不是一个简单的过程。我做好了心理准备，准备面对曾经在影视作品中看到的那样，在艰苦的条件下进行实验，可是我却没有做好对自我认识的准备。

大一刚进入校园时，我在能力上可以说是一穷二白，举步维艰，甚至写一个报告都不知道怎么编辑格式。同时我感觉到了课程上的压力和难度，课程多，还有高等数学、线性代数这样的课程，对自己的挑战很大。但我没有退缩，开始从学科竞赛做起。

直到现在，还有很多同学说我热衷于竞赛，热衷于一张张证书。可是我却不是这样思考的，我想通过竞赛来逐渐填补我能力上的不足，通过更加深入的学习，发现和弥补自己的不足。

谈起我大一第一学期的竞赛经历，简直是惨不忍睹，我几乎用上了全部的课余时间，我参加物理学术竞赛、数学建模竞赛、数学竞赛……各种我能够参加的比赛，结果却总是不尽如人意。我记忆最深刻的就是参加物理学术竞赛的过程，这个比赛持续时间长，题目难度较大，对于学生的参赛理论水平和自学能力要求很高，要求对一些物理学上还未解决的问题进行研究分析。我的专业知识几乎为零，分析起来一头雾水。

而且我碰到了很大的问题，被实验条件给束缚住了，不是没有能力去找仪器，而是压根不知道用什么仪器，所以只能停留在表面进行理论分析和假设。因为参加初审和答辩，需要制作报告和答辩用的PPT，又把我给难住了。报告里面打字还行，可是一旦碰到比较复杂的公式和示意图时，只能挠挠头说声不会。更困难的是做PPT，我是农村出来的学生，上高中的时候也没有见过，当时压根就不知道这个是什么，没有办法只能自己找资料自学。第一次做的PPT，现在再翻出来看看倒可发一哂。而且我性格内向，突然一下站到讲台，面对一群老师的时候，紧张得结结巴巴，本来不完整的思路讲得更加凌乱了。在老师点评报告时，我几乎快哭出来了，辛辛苦苦做了一个多月，最后被老师们指出来很多错误和不足。

那一次对我的触动很大，我真正发现了做学术没有曾经以为的那么简单，仅仅凭不吃饭不睡觉，加班加点刻苦奋斗是不够的。也有很多同学劝我说，多参加一些容易拿奖而且不费时间的比赛多好啊，但是我很清楚这些比赛除了能够在学期末评奖的时候多加一点点分，别无它用。有了这次经历，我学会了很多东西，最重要的就是学会了查找资料的方法，我利用图书馆资源、网络资源，打破了高中的思维定式，不再单独地依靠老师教的知识，而是靠自学，学习了很多相关领域的知识，甚至提前看了大三的专业书籍。我开始学习一些软件的使用，比如基本办公软件的使用。令我很敬佩自己的是我终于能够站在老师面前阐述自己的观点，这也让我意识到我必须多多上台练习，才能做到不紧张不怯场，大胆地表述自己的想法。

另外一个很神奇的经历就是做参加学建模竞赛，这让我第一次接触到真正的现实中的数学问题，很多都是源于生活中最常见的现象。然而学了十几年的数学，我面对竞赛却感觉力不从心。我一直认为吃饭和休息是保证效率的最基本条件，我一直反对熬夜。但是那一次，我真的感受到熬夜工作的效率。在白天，苦思冥想却屡屡出错，到了深夜却反了过来，思绪似乎迸发出来，让人陷于一阵又一阵的兴奋中。有人问我第二天上课感觉怎么样，我望了望教室里一片趴着的同学，笔直的身躯和高昂的脑袋都似乎写满了四个字——精神焕发。

我热衷于竞赛，我更热衷于每一次机会，每一次锻炼自我的机会、丰富自我的经历。通过一次次这样的竞赛，站在讲台上讲PPT做汇报似乎已经成了自己的强项，办公软件已经使用得很熟练，对于一个问题展开分析也有了自己的见解，查找资料的手段和方式也更加多样化，自学能力也得到了大幅度的提高。

大二上学期结束后，我开始接触做科研的老师。我找到学院一位年轻老师，他非常愿意让我们本科生参与到科研中来，我第一次开始接触科研。老师的课题组里面有好几个研究方向，为了起步更快，我选择了一个研究比较成熟的项目。刚开始进入实验室，几乎都是在师兄师姐的指导下进行实验，做的大部分都是比较简单也是比较枯燥的工作。我记得做得最多的就是离心提取分层液和洗试管，第一次感觉还比较新鲜，后面感觉越来越枯燥。我在这个过程中发现了自己很大的一个问题，那就是做什么都是带着一种完成任务的心理，我希望自己能够尽快地完成师兄师姐们的指示，甚至在实验中出现了一些偷懒的心理，称量质量的时候，为了不在称量上花费时间，本来可以精确到小数点三位，结果自己精确到一位就满足了。我现在想起来感觉十分羞愧，那时候给师兄师姐们的实验也带来了一些不确定性，有时候实验结果并不令人满意，一次次地重新进行实验，实验数据的准确性得不到保障。后来我开始仔细地对待实验过程，哪怕是最枯燥的离心，我都会严格控制流程，在进行实验的时候严谨细致成为挂在我头上的尚方宝剑。我现在认为实验不是为了完成任务，因为自己做的这个实验是正在进行的科学研究，没有人会给出我们一个标准结果，结果需要我们自己来控制，所以我愿意花时间和精力来做好每一步实验。通过参加科研项目的实验，我真正地认识到自己在研究中的问题，同时也真正地体会到细致严谨、耐心的重要性。

大二暑假的时候，在老师的指导下，自己开始学习材料金相制备技能，夯实专业基础，培养工匠精神。当冰凉的金属块和砂纸摩擦迸发出的热量交织在一起时，已经分不清什么是烫手什么是冰凉，在高速旋转的抛光机中，掉落的绒丝混杂着金属粉末在水的作用下塞满了指甲缝，金刚石粉末和碳化硅粉末紧紧地结合在指纹间的缝隙里，酒精和硝酸酒精一次次冲洗着刚刚被磨破的手指，这个过程是枯燥的是痛苦的，可是我一直坚持着，因为我的老师已经坚持了二十余年，并且在金相制备上已经有很高的造诣。也许很多人瞧不起这样一个又苦又脏的看似和科研没有太大关系的技能，但是在这个过程中，我学习到了如何在枯燥的练习中寻找心灵的平静，更明白了如何在平凡中练就伟大。当然，我也很清楚，这不仅仅是一项技能，更是对科研的一种严谨态度。做得多了，就看得透了，熟悉了一张张金相图的组织，感觉一张金相图就像一幅幅大师的经典之作：有时，它像一幅生机勃勃山水画；有时，它又蕴含着抽象派的哲学之谜，美轮美奂。完美的图片让人赏心悦目，一目了然，这是科学，也是艺术，同时也彰显了一种心境。

我十分感谢学校能够给我这么多的平台，来学习这么多我从未了解过的知识，从学科竞赛到接触科研再到对专业技能的培养，我一步一步接近科创，每一步走得都很扎实，这让我更深地认识了做学术做科研应该具备的能力和精神，让我接触了如此多优秀的老师学者。这里，我想由衷地感谢两位我人生的导师，我十分感谢耐心指导我进行金相技能培训的老师和让我进入项目组参与科研的老师，是他们让我接触到我人生一直以来的理想，也是他们指导了我人生未来的方向！这里是我人生科创梦起航的地方，有了方向，扬起了船帆，将奋起远航。在祖国港湾的庇护下，我将坚定不移地为祖国的学术科研进步而奋斗，哪怕是自己微小的力量，也要为当今中华民族伟大复兴贡献自己的一份力。

获奖情况：

2016年12月，西南交通大学法律故事续写大赛一等奖；
2016年12月，西南交通大学新秀杯数学建模竞赛二等奖；
2016年12月，西南交通大学第三届物理学术竞赛优胜奖；
2017年06月，西南交通大学第四届物理学术竞赛三等奖；
2018年06月，第十五届五一数学建模竞赛三等奖；
2018年06月，校级金相技能大赛一等奖；
2018年08月，第七届全国金相技能大赛二等奖；
2018年11月，第三届全国失效分析大赛一等奖。

热爱无迹可寻

¤ 姓名：杨忠超　　¤ 学院：土木工程学院

“成功的人永远是少数，而其他人只能充当陪衬。”最好看的永远是红花，而非绿叶。这两年多来，我也忘记当了多少次绿叶。回顾过去的日子，国赛、省赛及校赛，总是一往无前，可惜大多败兴而归。身边人说何必如此挥洒自己的汗水，只看得见种子，没看见开花结果，少做没有意义的事，但世间上若一切都以个人收益来衡量，这样的日子未免也太无趣！

我的祖母是一个大字不识的农村人，但她总是对我说：“幺儿，喜欢什么就去干，不要怕！”我十分庆幸在这样的思想熏陶下长大，尽管当了无数次的陪衬，但是我的快乐仍旧无处不在。

初入大学学堂时，未知与迷茫时刻萦绕在我的脑海，我的眼前只有飘渺和虚幻。庆幸在那个炎热的夜晚，助理辅导员带着他的好兄弟亮哥来给我们新生送西瓜，由此开了我竞赛的门。初闻数学建模需要连熬三个通宵，并且需要队友间的默契与配合，才有可能斩获大奖。新鲜、刺激充斥在我的脑海里，我那时就确信这是我想要的生活。如今回想起来，心底总是升起一股暖流，在我身体里四处游走。

一年一度的数学建模新秀杯如期开展，身边的人也被那种氛围所感染，我自然也在摩拳擦掌。找了两个队友，组了一支只会“百度”的队伍。在每个黄昏的午后，匆匆地在教学楼的长凳上吃完晚饭，嘴角上泛着的油光伴着我们直到深夜。在那样的日子里，总是一筹莫展，日子就是太阳东出西落，匆匆而逝。日子它不等人，但进度仍旧是地上的蜗牛，通宵奋战也成了这只队伍最后的选择。我仍记得南门外微弱的灯光，那个旅社的房费是60元一晚，倘若想要开空调，还得再加20元。

最后在获奖名单上了找了很久很久，才发现了这支队伍，尽管只是一个三等奖，但足以让我们仨欢呼雀跃。特意挑了个好日子，找了一家不错的火锅自助，每人满上一杯啤酒。啤酒的味道有些刺激喉咙，味道怪怪的，但我还是一饮而尽。回来的路上，校园路的灯光稍显微弱，远处朦朦胧胧，煞是好看！

我很迷恋那样的感觉，不断地压榨自己的空余时间，每晚躺在床上都是迷迷糊糊的，每个人都把自己的一腔热血抛洒在小小的电脑上。脑子里没有成败，也没有尽快解决这事儿的思绪，单纯的只是我想这样去做。

当慢慢适应了大学的生活之后，我在不断的比赛之中找到了越来越多的快感。一年一度的土木“科技月”也随之而来，这项赛事好似土木学子心中的圣地一般，参加的人数极其多。我在这时候有了新的目标，渴望代表学校参加在沈阳举办的“第一届全国大学生地下结构设计大赛”。这一次“科技月”的地下组比赛正是为了选拔合适的人选，我对此尤其向往。我没去想斩获大奖，我只想实现我小小的竞赛梦。

长达半个多月的模型制作，用刀片一刀一刀地划出想要的纸片，尽管食指指节处略微通红，与往日比起来显得有些肿大，但我依旧乐此不疲。科比说他见过凌晨4点的洛杉矶，我没有见过洛杉矶的凌晨四点是怎样，我只见了凌晨4点的西南交大。天是黑沉沉的一片，远处稍有些微光，香樟树的叶子在路灯的照耀下泛出了点点淡黄色，四周寂静无声，刀片与桌子相互摩擦的“呲呲”声倒是打破了这样的宁静。不久，这样的宁静便被彻底打破，第一缕阳光直直地射进来，空气之中稍带些雾气，和阳光交融在一起，十分地绚烂与夺目。

在那段艰辛的日子里，恰逢数学建模五一省赛也如期举行，此时的我分属于两支队伍，我恨不得将自己劈成两半，这样两边的进度都不会耽误。七号教学楼的通宵自习室里，我不再拿起刀片，而是泡了一杯咖啡，眼前是电脑屏幕上的论文。困乏实在无法抵挡，即便是咖啡也无能为力。起身到厕所用清水洗了把脸，镜中的自己，脸上挂着水珠，眼袋是一大片浓郁的黑色，无奈地摇摇头，只能再次坐在屏幕前。

亲手将模型交给了工作人员，用鼠标点了“网上提交”，无力感深深地袭上心头。那时的我不曾想象获奖后的喜悦，我只想躺在床上，谁也不要打扰我！

模型承重时，当把现场实验加载的所有砝码都用完了之后，我的眼眶不由自主地湿润了，队友问我怎么了，我别开脸，使劲揉了揉眼睛，只说是没有休息好的缘故。建模的获奖名单也下来了，找到了我们这只年轻的队伍。那时，喜悦之感再也无法掩饰，走路也都带着风。

世间不如意十之八九，可是世间的万物正是由于缺陷，才显得尤其美丽。没能达成目标，心中没有一点遗憾，反而更多的是惊喜。当你义无反顾投身于某一项事业时，有没有收益不再是你所关注的点，那种快乐是这世间任何物件都无法比拟的，满足与欣喜就已经填满了心怀，早已没有了遗憾的位置。

后来暑假放弃回家，留校参加数学建模的全国赛。虽然也是一场空，但我仍记得在机车博物馆右侧的石凳上，被“黄焖鸡米饭”辣红了脸的三个人，三人嘴角的油光在那样的场景之下显得有些可爱。

尽管一直是竞赛这条路上的绿叶，自然而然无法让我选择退守后方。但是在我的心里，早就没有了成败，所在意的仅仅是这项赛事带给我的快乐。

对于科研，我向来是怀有敬畏之心以及期待。SRTP项目恰好给了我去体验的机会。在不错的机缘下，我选到了自己想要做的项目，是有关于桥梁抗震。在精心的准备下，我幸运地将项目立项为国创。在外求学的游子并没有那么想家，又一个暑假，我选择再次留校。

相比于家乡的凉爽，成都的夏天实在闷热，让我有了不真实的感觉。每隔一周我便前往九里校区向老师报告这一周来的学习情况，然后，便前往九里校区北门外的一家酸辣粉，吃一碗热气腾腾的粉，听着蝉叫，一天的疲劳也消失殆尽了。转而继续阅读论文，整理学习资料，形成报告，再次向老师汇报。日子是过得很快的，太阳东出西落，一天的光景便偷偷溜走了。制作项目的模型时，到工地看工人师傅轧钢筋，看如何浇筑混凝土，一不留神，一天便过去了。

在我的心里，那些斩获全国大奖的同学十分厉害，可我并不羡慕他们。虽然我在这些全国大赛的赛场上还没有解锁过自己的成就，但我感到很满足，很快乐。我也曾试过问自己，为何这条路走得如此艰难，但还是选择走下去，可惜没有答案。直到有一天我读到了汪曾祺先生的一段话，我想我明白了。

“爱，是一件非专业的事情，不是本事，不是能力，是花木那样的生长，有一份对光阴和季节的钟情和执着。一定要，爱着点什么，它让我们变得坚韧、宽容、充盈。业余的，爱着。”

获奖情况：

2016年，“新秀杯”数学建模竞赛三等奖；

2016年，“我的大学”主题征文二等奖；

2017年，“其间味”主题征文优秀奖；

2017年，第十四届五一数学建模竞赛一等奖；

2017年，木科技月二等奖；

2018年，土木科技月三等奖；

大学期间，获得三等综合奖学金三等奖三次，二等奖学金一次，2016-2017学年明诚奖，2017年度“优秀共青团员”，2017-2018学年“优秀干部”荣誉称号。

科创启航

¤ 姓名：易佳欣　　¤ 学院：交通运输与物流学院

站在领奖台接过荣誉证书的那一刻，心中涌现的尽是感激之情，感激每一个在自习室和队友奋战到凌晨的夜晚；感激不断钻研，灵感碰撞产生火花的瞬间；感激一次又一次修改策划、展示方式，彼此包容与支持的团队力量。参加“日日顺”创客训练营的这一段经历是我大学生活中浓墨重彩的一笔，也是我科创之路上的一个重要节点。这段时光教给我坚持不懈的探索精神，鼓励我自主深入了解专业知识，更促使我理解了创新的内涵。

在参加此次比赛前，我也曾参加过一些科创竞赛，如数学建模比赛、交通科技大赛，这些比赛都因没有深入钻研而止步不前。我一度对自己的科创能力感到失望。我应该提升自己的哪些能力？应该如何寻找合适的队友？这些问题使我的科创之路充满着迷茫。

2018年6月，我和我的“乐校”团队相遇了，一场不平凡的科创故事就此展开。

我们的团队最初只有四个人，也不叫“乐校”。团队的每一个人对科研竞赛都有着热情，却没有经验。

开题答辩前，我们查阅资料，尝试阅读长篇论文，钻研模型算法，答辩时却被老师一句“没有创新”的点评给否定。大家都有些心灰意冷，以为自己的竞赛之路又会止步于此。

幸运的是，我们以最后一名晋级的名次，获得了去创客训练营学习的机会。四天的学习参观，使我们直观地看到目前物流行业发展的新科技、新方向，开阔了眼界，也为我们带来了新的思路。

接下来便是备战校赛，查阅资料、询问老师、分析项目需求、锁定目标客户、挖掘市场空白、实现方案创新。

那段时间的学习使我对科研有了入门的了解，对专业知识有了自主学习探索的动力，信息检索能力、资料分析总结能力也得到了提升。对创业课题反复论证，推翻重建，循环往复。往往会发现，我们钻研的模型算法，在专业人员的眼中只是最基础的常识；我们所想到的创新方案，别人早已运用实施。

创新，不是突如其来的灵光一现，而是必须在充分了解这个领域现有发展的基础上，充分分析其“痛点”，才能实现现有方案的迭代升级。没有学习就谈不上创新。

方案的设计会存在一些必不可少的争议，大家阐述自己的思考，在辩论中碰撞出火花，产生灵感与创新。大家各尽所能，分工明确，互相支持。许多个夜晚，窗外早已万籁俱寂，思考与辩论却在继续，创意在萌发，友谊也在此沉淀。

2018年9月团队项目初见雏形。校赛答辩前一天，三个女生在自习室修改策划到凌晨三点，队里的男生说“你们先睡，你们醒来，答辩稿就写好了。”那一刻，突然觉得比赛的结果已经不重要了，尽全力使自己的方案尽量做到最好，这已经足够了。过程的努力，收获的友谊已经为大学生活画下了浓墨重彩的一笔。

结果是让人欣慰的，突围校赛，使这个团队感到振奋，却也明白接下来的路会更加艰辛。晋级决赛，意味着我们要站在全国的舞台去展示学校的风采。

新成员的加入让我们的团队更加充满了活力与创意。设计队服，体现团队文化；拍摄视频，使方案运用场景更清晰；设计展示方案，充分显示项目优势与创新点。

2018年10月，“乐校”团队登上“创客亮剑”的舞台，4个月的备战，到了最终接受检验的时刻。没有太多比赛经验的我们，把自己作为挑战对手，尽力做好自己。对于评委提出的问题，我们竭尽所能详细解释；面对评委指出的漏洞，我们铭记在心。对于我们而言，每一个问题都可能是未来研究的重点。

一位评委笑着说：“你们公司没有，文化衫先有了。”另一个评委说：“在他们心中已经有了。”

是的，短短四个月，我们设计的不仅是一个方案，更编织了一个团队梦想；我们参加的不仅是一场比赛，更跨出了创新创业的第一步。

思路从封闭到开阔，眼界从狭窄逐渐打开。不积跬步，无以至千里；不积小流，无以成江海。科创需要经得住挫折，不断坚持，深入研究之后，才会发现它的魅力。

这次科创比赛为我打开了科创竞赛的大门，也明白之前未曾成功的原因在于没有坚持，没有深入钻研。专注于过程，才能收获比结果更为重要的东西。

写下这篇文章之际，我们的团队再次登上了“互联网+交通运输”创新创业决赛的舞台，这一次我们有了一些经验，也更加自信笃定。

一路走来，感谢有你。这是最想对队友们说的话。给彼此支持，鼓励彼此坚持。你们给予我自信，你们帮助我发现自己的潜能。我知道这是我科创之路的起点，也知道未来的道路必定会有许多困难，但我相信，坚持会带给我更多的可能，未来，我们都有无限的可能。

获奖情况：

2018年11月，2018第三届“日日顺物流创客训练营”铜奖；

2018年12月，2018年中国（小谷围）“互联网+交通运输”创新创业大赛二等奖。

从校训中学习科创

¤ 姓名：翟志康　　¤ 学院：交通运输与物流学院

“精勤求学、敦笃励志、果毅力行、忠恕任事”，16字的校训包含着西南交大前辈总结出的智慧，激励交大人不断取得丰硕成果，我的科创之路也正是在校训的鼓舞和指导中进行。同时，我对于校训有了自己的理解：精勤求学是一切基石；敦笃励志为我们提供方向；果毅力行让我们学以致用，这才是科创；忠恕任事是最高境界，勇于担当，敢于拼搏，同心戮力。

“精勤求学”——万丈高楼平地起

如果说科研和创新是目标，那么求学必然是基础，通过学习打下坚实的基础，为科创储备扎实的知识和锻炼学习的能力，正所谓“不积跬步无以至千里”。

大学三年我参加过许多竞赛、科创活动，包括物理学术竞赛、数学竞赛、数学建模竞赛、英语竞赛、中国“互联网+”大学生创新创业大赛等，收获了8个国奖级、省部级奖项，主持参与SRTP、个性化实验等3个科创活动。这些成果并不是一蹴而就，而是经历过许多的挫折，但是我并没有放弃而是在挫折中不断学习、进步，不仅是积累经验，也是夯实基础。

在所有竞赛中，我参加的数学建模竞赛次数最多，感悟最深。一入学我就了解到交大在建模竞赛方面实力很强，同时也深深感受到交大浓厚的数学建模竞赛的氛围，所以我和我周围的大部分同学都报名参加了西南交通大学“新秀杯”数学建模竞赛，我认为我在高中就可以取得全国高中数学联赛江苏省一等奖，那么在大学参加数学建模竞赛肯定是得心应手。第一次数学建模经历却给我泼了冷水，一周的时间内，我从自信到迷茫再到绝望。

这次失败后，我体会到了数学建模的困难，更重要的是了解到了建模的要求、流程，对于我进一步的学习、准备起到了很好的指导作用。自此，我利用周末时间制订建模学习计划，一边学习建模的理论，诸如一些基础的模型、算法，一边阅读历年优秀的论文，跟着实践。但是大一的建模确实不如人意，“新秀杯”到校赛，再到“五一数学建模竞赛”，我都铩羽而归。

此时我发现周围的建模同学大部分已经放弃，不再参加建模。但是我认为“天行健，君子以自强不息”，我的学习积累一定会给予我成功。进入大二，事情出现转机。2017年5月，我和我的小队第二次参加“五一数学建模竞赛”，因为学习积累和以往的经验，我们不再迷茫，稳扎稳打完成了论文，最终斩获一等奖。这次的成功给了我们信心，我们的努力没有白费。接着我们参加了“Mathor Cup”数学建模竞赛获奖，入选国赛队伍，取得全国大学生数学建模竞赛四川省一等奖，完成“失败”小队的逆袭。

其他竞赛、科创也是如此，成功的前提是一直以来的坚持和学习，永不放弃。即使正在经历失败，但必然有“柳暗花明又一村”的时刻。

“敦笃励志”——以梦为马，不负韶华

科创是我一直以来的梦想，我对此有强大的兴趣。目标对于一个人来说是至关重要的。这也是校训“敦笃励志”告诉我们的道理。

目标的重要性在于给我提供行动指南。一入学，我就有参加科创活动的目标，一方面是参加学科竞赛，学以致用；另一方面参与SRTP、个性化实验这样的科创训练，锻炼能力，同时尽力写出相应的论文发表。相应的，我为此进行了充分的准备和计划。我认为科创是有层次的，第一是了解和熟悉竞赛知识，所以我通过查网络资料、向学姐学长和老师请教，对于各种竞

赛、科创有了大致的认识。由此我不仅知道了该如何选择竞赛科创项目，而且明白了要怎么去做准备。例如大学生数学竞赛，我了解到数学竞赛是考察高等数学、线性代数等理论知识，并且区分数学类和非数学类，而我对于数学十分感兴趣并且数学基本功比较扎实，所以我选择参加。接下来为了准备比赛，我搜集了不同层次的训练资料。从书本出发到专项训练再到真题模拟，最终在四川大学举办的第八届大学生数学竞赛中获得省级二等奖。

目标的重要性体现在我遇到困顿时，它给我希望。当熬夜建模感到疲惫而又决心松动时，当我准备物理学术竞赛，实验遇到瓶颈无法进行而产生挫败感时，我想到了我的目标，因此我更加坚定地继续努力工作。

“果毅力行”——绝知此事要躬行

科创的魅力和挑战是将理论知识和实践结合，如校训所说“果毅力行”，学以致用才能取得好的结果。

我参加的中国“互联网+”大学生创新创业大赛正是很好的诠释。在我们了解到P型TCO薄膜材料自身的微观电子结构导致了其极度匮乏这一市场痛点时，我不禁想到我校高温高压实验室正在研制的新型透明 $p\text{–}CuAlO_2/MoS_2$ 异质结薄膜，其性能优于市场产品性能，导电性更加好，透过率几近完美，所以我们团队致力于这一科技成果的转化利用，得到评委老师的肯定。除此之外，物理学术竞赛也是如此。此项比赛需要的是根据开放性题目，从搜集文献到设计实验开展实验，再到分析实验数据得出结论，都需要主动学习理论再进行应用，这一过程有效地锻炼了我们科研的能力。

“忠恕任事”——同其心，戮其力

校训所说“忠恕任事”才是科研的本分，也是最高境界。一个人的力量是有限的，但是团队的力量是巨大的。现代社会最需要的就是团队协作，团队之中我们不仅应该最好自己的事，也要加强与他人交流协作。

数学建模需要三个人的协作，模型建立、编程求解和论文写作，意味着我们要加强自己相应的能力，为自己负责的部分作出充分的准备。同时，建模是团队的工作，每一部分都是息息相关的，因此在建模过程中，我们必须加强交流和讨论，优化模型并润色论文。建模的三天里是很艰难的，睡眠不足、模型有问题、求解困难……因此建模过程最需要我们互相鼓励支持。每个人负责的部分难度有差异，进度也有不同，我们不仅仅只是完成自己的部分，我们有共同的目标和信念。

在SRTP、个性化实验中，我们每个人都有自己的任务，但是更重要的是我们会互相帮助指导，主动承担责任，共同进步。在物理学术竞赛中，每个队员有自己负责的项目，但是项目之间是有联系的、每个人都有自己的优势和劣势，所以要想很好地克服困难，必须每个人都有团队意识，都勇于担当。“忠恕任事”，这是我在科创之中得到的最重要的经验。

获奖情况：

2017 年，全国大学生物理学术竞赛二等奖（国家级）；
2017 年，全国大学生数学建模竞赛一等奖（省级）；
2017 年，五一数学建模竞赛一等奖（省级）；
2016 年，第八届全国大学生数学竞赛二等奖（省级）；
2017 年，西南地区物理学术竞赛二等奖（省级）；
2018 年，全国大学生英语竞赛三等奖（省级）；
2017 年，Mathor Cup高校数学建模竞赛三等奖（省级）；
2017 年，西南交通大学物理实验竞赛一等奖（校级）。

科创，助梦飞翔

¤ 姓名：张倩　　　　¤ 学院：交通运输与物流学院

时光飞逝，转眼进入西南交大已经是第四个年头。回首过去，有收获、有错过，有成功的喜悦、也有失败的落寞。但最令人难以忘怀的便是那一路走来的科创之路。这一路，有汗水、有欢笑、有数不尽的点点滴滴。一路走来，科创，助力了梦的飞翔！

犹记得当年，怀揣着高考结束的喜悦与对未来的无限憧憬，我来到了交大。在这里，一切都充满着未知，同样也充满着无限的可能。彼时，科创就像那塔上璀璨的明珠，耀眼夺目但又似乎遥不可及，我不知怎样才能触碰到它。当数学建模新秀杯来临时，科创终于渐渐地揭开了它的面纱，而我也就此踏上了科创之路，这一走，就是四年。

这四年，数学建模陪伴了我的成长，也给了我最初的科创启蒙。从新秀杯到校赛，从五一赛到国赛，一路走来，一步一脚印，一步一成长。从最初的不知建模为何物，到后来深谙建模分工与协作；从最初的模型一窍不通，到后来的熟练掌握各类模型与算法；从最初的几欲放弃建模，到后来的深深感激建模，这一路的欢笑与泪水，这一路的成长与变化，将永远铭记于我的心中，难以忘怀。

难以忘怀那本被翻烂的数学建模论文集，难以忘怀思路瓶颈时的焦灼与不安，难以忘怀程序崩溃时的绝望与坚持，难以忘怀三个人的互相打气与鼓励，难以忘怀论文出炉时的喜悦与兴奋，难以忘怀凌晨两点、三点的西南交大，难以忘怀建模岁月里的每一个日日夜夜。耐得住寂寞，方能守得住繁华。厚积薄发，这个词用来形容建模再合适不过了。

一路走来，有过屡试不中、停滞不前的郁闷，但因为坚持、决不放弃，方从最初的建模新手一路走到国赛拿奖，品尝守得云开见月明的喜悦与兴奋。建模路漫漫，我认为相对于最后的结果，更重要的是坚持，同时在这个过程中提升自己各方面的能力。站在大四，再回首往日的建模之路，会发现一张张大大小小的奖状背后，带给自己的不只是荣誉，更是科创能力的逐步提升，为自己的青春增添了靓丽的一笔。

俗话说得好，“台上一分钟，台下十年功”，建模正是如此。虽然建模比赛只有短短的三天，但要想很好地完成一次建模比赛，只靠那三天的努力是远远不够的，需要的更多是日常对于建模知识的掌握与运用，才能在比赛中更好地发挥，而这一切离不开队友之间的协作和默契以及自学能力的提升。从习惯于老师对于知识的讲授到自己主动去学习一种模型，从知其然到知其所以然，从试探性地摸索到独立的编程解决一个问题，当程序运行出最后的结果时，那种喜悦溢于言表。

正是带着这种喜悦，我打开了科创的大门，并由此踏上了自己的科创之路。如果说建模像是一块敲门砖，用较为贴近生活的题目引领自己走向科创，揭开了科创的面纱，那么SRTP则更像是科创路上更为严肃的引路人，带领自己更为系统全面地走进科创。

犹记得在国创结题答辩时，我站在讲台上将一年来小组成员共同努力的成果展现给评委老师。在那一刻，我似乎明白了什么是科创，如何去做好科创，真正理解了翟婉明院士的题词：“勤思考，勇钻研，出创新，出人才”。

时光回到立项之初，当得知自己小组的作品被立项为国创时，除了感到无比的喜悦之外，更感到了肩上沉甸甸的责任。一项课题，五个伙伴，一年时间，虽然从零开始，但我们有信心把它做好！

不同专业、性格迥异的五个人因为共同的目标而相聚在一起，一路走来，有过争吵、有过懈怠，但幸运的是，我们最终坚持走了下来，并且收获了成功。正所谓“独木不成林”，一个人的力量是有限的，但将一个人置于团队当中，每个人都去努力散发自己的光和热，那么这个团队的力量就是无限的。

从阅读大量的文献资料到录入数以万计的数据资源，从最初简单的思路框架到一次次讨论修改甚至推翻进而得到明确可行的具体方案，从一张张静态的热力图到拥有多项功能的网络平台，从一次次答辩准备到一遍遍修改投稿论文，一路走来，硬盘里几个G的资料，见证了我们的努力与成长。这一切的一切都离不开团队的协作、离不开心底对科创的热爱与坚持。

与其说科创是大学生活的重要组成部分，不如说科创是指引我们方向、陪伴我们成长的良师益友。回首完成国创的一年时光，这份经历教会了我许多许多。是它，让我懂得如何在团队中恰当地阐述自己的观点；是它，让我享受在团队中思维碰撞的喜悦；是它，让我实现在团队中更快地成长；是它，让我明白科创的意义；是它，让我领会坚持的力量！

科创，是你用一颗真心播种，用不断地思考与钻研来浇灌，持之以恒、决不放弃，才能最终开出的绚烂之花。只有倾心付出，才能感受它神秘面纱下的绝世容颜；只有持之以恒，才能在无数次低谷挣扎后实现完美的触底反弹，品味最浓郁的甘甜。你付出几分，它便回报你几分。

站在大四，回首过往，思绪万千。这一路走来，是科创，见证了我的成长，赋予了我前进的力量。忆往昔，大学画卷因科创而无比绚丽；看未来，读研生涯亦会因科创而无限精彩。科创，助力了梦的飞翔！

获奖情况：

2016年06月，五一数学建模联赛三等奖；
2016年12月，“新秀杯”数学建模竞赛三等奖；
2017年06月，西南交通大学数学建模竞赛二等奖；
2017年09月，2017年全国大学生数学建模竞赛四川省二等奖；
2016年11月，“交通 · 科技 · 未来”学术研讨会优胜奖；
2018年04月，西南交通大学第十一届交通科技大赛三等奖；
2018年05月，全国大学生英语竞赛四川省二等奖；
2016年05月，“重走长征路”优秀征文并出版。

路漫漫其修远兮

¤ 姓名：周聪　　　　¤ 学院：土木工程学院

科研这个词于我而言，就如校园广播中时常播放的那些歌，熟悉但不了解。虽然也参加过数学建模、结构设计竞赛、SRTP一类的活动，但这不过是管中窥豹，坐井观天罢了。在真正地接触到一线科研工作者之后，我的科研之路也才真正地开始。

科学有一个漫长的过去，当巴门尼德把本质从现象中剥离，将理性从感性的裹挟中释放，以逻辑推理的方式建立起存在的概念，科学的始基就已建立。随着逻辑经验主义者的出现，基于经验主义和实证主义的划分标准开启了近代科学的大门。伽利略、牛顿、爱因斯坦、海森堡……一代代的科学家在理性主义、经验主义、实用主义的纷争中建立起辉煌雄伟的科学大厦。跳出不可知论的漩涡，这座大厦的根基便无法撼动。

随时间慢慢积累的知识撺掇着我追寻认知的边界。走到这，面前空无一物，一步跨出，便是虚无。桶中之脑的哲学命题轰然回响，对真实与存在的质疑令人惶惶不可终日。科创之路的起点便在不可知论的泥潭中深陷，难以挣脱。长久地临渊而立，使我意识到人类的能力并不可肆意发展，它有界而无限。受制于肉体的约束，有些领域确非人力所能涉足，但还有无尽版图可供攻略。在这广袤的范围内，“真理”的本质依旧无法触及，但实用主义的科学已然够用。以解决问题、促进发展为导向的科学观推动着社会飞速地发展。过去如此，现在如此，未来亦将如此。何必迂腐地固守幻想中的“真理”，逐渐消亡？

坚定了求知的哲学基础，就应以实用的眼光来审视每一条定理，每一个理论，每一部著作。所有的知识都因解决问题而被创造，所有的知识也终将为解决问题而服务。驻足回望曾经学习过的每一本书，它们不再是单纯记录着文字的纸片，也不仅仅是知识的载体。它们记录的是问题，传递的是闪光的思维。学习的过程也不再是记忆理解书上的知识点，而是寻觅每本书所承载的那个核心问题。忘却书上的那些文字，用自己的经验与思维试着分析问题，解决问题。把每一次的迈步都当作向虚无的宣战，以热情无畏的姿态开疆拓土，或许惊喜就在眼前。不经过开荒的训练就永远无法探寻未知的领域。把学习当作科研的演习。在不断的受挫中强大自己的内心，坚定真理可寻的信仰。学习时倒下，还有前人的理论托起你枯竭的思维；而虚无中，也许只有神学可以聊以慰籍。

在不断的探寻学习中，无数次的柳暗花明，带来无与伦比的高峰体验。我对真正的科研产生的无法言语的情愫，如潮水般在心中涌动。伟大的科学家和研究者们的丰功伟绩使我赞叹痴迷，临渊羡鱼不如退而结网。又一次站在边界之上，我忽然意识到，这就像平面上的一个圆。圆里是人类已知的知识，圆外是人类未知的知识。每一次认知的迈进都意味着半径的扩大，随之而来的则是周长的增加，之前未曾意识到的未知出现在眼前。这似乎是对智慧的诅咒，而这一次我不曾恐惧惊慌。我看到的不再是那无尽的虚无，而是身后那一点点的进步。

克服了内心的不安与恐慌，保研之后的这段日子也还算是平静。老师安排的任务，每周一次的例会，时不时地帮师兄师姐做的那些实验，都提醒着自己，真正的科研已在眼前。虽然有时会觉得科研是一座围城，城外的人想进去，城里的人想出来。但这不过是受挫时的阵痛，无伤大雅。在调整完情绪之后，依旧能积极地面对工作。真正令人痛苦的是迷茫，如何能坚定地相信自己想法？关于一个问题的合理解释并非唯一，如何才能坚定不移地走下去？古希腊的苏格拉底，中国古代的文天祥……他们是怎样做到真正以身殉道，真正的“朝闻道，夕死可矣”？多么地令人羡慕啊！

科研这条路很长，长到用一生的时间也走不完，长到贯穿人类文明史却依旧看不到尽头。而科研人，可能就如牛顿所言，不过是一个在海边玩耍的孩子，不时为拾到比通常更光滑的石头或更美丽的贝壳而欢欣鼓舞。可是，人生能有这样的一份快乐就足够了，不是吗？

路漫漫其修远兮，吾将上下而求索！

获奖情况：

新秀杯数学建模竞赛二等奖（校级）；

五一数学建模竞赛二等奖（省级）；

“西南交通大学纪念全面抗战爆发80周年征文选”活动中被评为优秀论文，并入选《抗战精神与中国梦》论文集。

以梦为马，方不负韶华

¤ 姓名：柏丛　　学院：交通运输与物流学院

8月的成都，蝉鸣聒噪，烈日当空。上百学生挤在一间小教室里，却丝毫不显嘈杂。入耳的仅有讲台上老师温润的嗓音，和笔尖触碰白纸发出的刷刷声。自然环境恶劣，大家的热情却丝毫不减。脑中尽是疑惑，耳里尽是解答，笔下尽是所思所悟。

这是2018年8月西南交通大学国赛培训的现场。

全国大学生数学建模竞赛开启在即，留给大家的时间已经不多了。但我却不由自主地回忆起了最初——我甚至还不知道“建模”二字意为何物之时。

从小我便十分羡慕漫画中团队作战的默契，将后背交给战友，对战友报以绝对的信任，这样的团队精神总是令我动容。因此初入大学校门之时，听说建模竞赛的比赛机制后，我便怀着满满的好奇与憧憬，开始寻找队友。

最初的相遇是在西南交大主办的“新秀杯”，那是我为数不多充当“建模手”角色的经历。当时我们的队伍就像汹涌大海中的一叶扁舟，没有抵御风暴的能力，没有搏击大海的经验，唯一庆幸的是，船上三人足够坚持。面对算手不懂如何使用各类编程软件，建模手不熟基本模型如何建立，写手不清楚论文写作格式的窘境，我们中从未有人提出过“放弃吧！反正也做不出来”，或是“现在放弃的话，咱们还能有个清闲的周末”等消极的言论。

不会编程，那就现场下载Matlab，在网络教学视频中寻找方法；不懂建模，那就在建模教材中搜索可以借鉴的模型；不明白论文写作要求，那就多看优秀论文合集，在模拟的基础上创新。一无所知，没有使我们顿足不前，反而激发了我们三人的求知欲和探索欲。就这样，在短短三天的时间里，我们就像原本干瘪的海绵，一点一点地吸收水份，愈发饱满起来。

建模，于我们而言，都算是从未踏足过的领域。现在想想，若这是一个单人性质的竞赛，那我应该一早便被吓退了。时间短、任务紧，还面临着一堆从未接触过的新玩意……但还好，我有队友。三个人一起经历，便仿佛压力都烟消云散了，只剩下热血的拼搏。

“新秀杯”期间，我们没日没夜地对着电脑，时不时进行讨论，而更多的时间是在努力弥补自己思维中的漏洞，抓紧赶时间、赶进度。连续两天的通宵，我们几乎完全失去了正常的作息。睡眠规律被打破了，饮食也是如此。尽管这样，却没有一人抱怨。

寻找队友之时，我唯一的要求便是——不弃赛。其实我是知道的，“新秀杯”时，我身边的同学朋友们建模热情还都非常高涨。尤其是大一的同学们，几乎是人人参与其中。但，陆陆续续便有人退赛。或许是队伍中一人坚持不下去，便导致整支队伍无法继续运营；也或许是三人虽然已经做出成果，但剩余时间严重不足。总之，到比赛结束之时，提交论文的队伍数目已经与参赛队伍数目有了差别。或许，我从学长学姐那里，接收到的最重要的指导便是绝不弃赛吧。

“放弃”这个念头，就像魔鬼，一旦滋生出来，便很难再控制了。轻松愉悦的周末谁不想要呢？谁又真正愿意从早到晚地坐在电脑前研究什么卷积神经网络的具体算法呢？只是，在我们心中有着更为重要的东西。我们想要证明，证明自己具备学习和思考的能力，证明自己在未知的范畴内仍然可以继续前进。我们不想辜负，不想辜负自己和队友连日来的努力，不想辜负旁人的信任。我们渴望荣誉，渴望获得赞许，也渴望获得自我的提升。

怀着这样的念头，我和队友一起，陆续走过第十五届“五一数学建模竞赛”“2018年电工杯全国大学生数学建模竞赛”“2018年西南交通大学数学建模竞赛”，直到“全国大学生数学建模竞赛”——这场由上千支队伍、数百所学校共同参与的盛宴。

这其中我们所经历的种种艰难困苦，在当初总是觉得“天呐，真的撑不下去了！”“想躺在软软的床上好好睡一觉！”“再也不要建模了！”……

难熬的时刻实在太多了，但今日想来，竟惊觉这苦涩中藏着丝丝的甜意。

新秀杯时，在凌晨3点的五号教学楼里，一整日的思维高度集中后，大家都已疲乏不堪。教室里的白炽灯管彻夜通明，仿佛永远不会熄灭。夜越来越深，12月的寒意也渐渐袭来……如今再来回忆，我脑子首先浮现的，却仅仅只有手中香脆浓郁的蛋卷、其他队伍投来的诧异中带着艳羡的目光和我们三人低低的偷笑声。

“五一赛”和“电工杯赛”齐齐聚于5月，同时到来的还有各式各样的社团活动，以及繁多的功课复习和作业任务。毫不夸张地说，那段时间里吃饭上课都得是一阵小跑。今晚还在为了写建模论文熬通宵，明天就可能得上全天的课程，中间还掺杂着社团里的不同活动……但算手发来消息：“没事，工作我来”，建模手说：“一定能写完的，实在不行我帮你写”。团队的温暖实在是让我一个心思敏感细腻的人感到万分的喜悦，并且感激。

那么，参与科创竞赛到底带给我们些什么呢?

一个真正的团队、一份独特的队友情谊，逐渐拓宽的知识面、不断学习获取的经验，坚持不懈后获得的成功、与队友共享的胜利果实，对自己能力的充分认识、在一次一次比赛中获得自信、在一次一次挑战中收获自我的满足……

以梦为马，方可不负韶华。

今后也要一直努力，一直坚持，多接触，多尝试。青春从不是用来辜负，而是为梦想提供飞翔的摇篮。

获奖情况：

2017年，西南交通大学极客数学帮“新秀杯”数学建模竞赛三等奖；

2018年，第十五届五一数学建模竞赛一等奖；

2018年，电工杯全国大学生数学建模竞赛二等奖；

2018年，西南交通大学数学建模竞赛三等奖；

2018年，全国大学生数学建模竞赛三等奖。

中外器乐名曲人声演绎的研究与实践

——论以人声演绎器乐作品的意义及方式

¤ 姓名：周铁　　　　¤ 学院：人文学院

2017年4月份，我在人文学院涂覃平老师的支持与指导下成立了一个SRTP小组——“中外器乐名曲人声演绎的研究与实践”。经过了一年的钻研终于到了尾声，并且顺利举办了一场音乐会。通过这个项目我收获颇丰，从最初美好的想法到投身实践，我的内心还是无比激动与自豪。

视唱练耳是音乐学习者必须掌握的一项重要技能。不管是学习声乐还是器乐，它都在其中扮演着不可或缺的角色，贯穿于声乐学习中发声练习与作品视唱全过程，对提高音乐素质具有重要作用。良好的视唱练耳训练有助于提高同学们的节奏感、音准及音乐表现力，对提高音乐记忆力和表现力具有极大的促进作用。

本项目的最初想法来源于现在越来越多的音乐学习者不重视视唱练耳的学习。现在的大学生科研项目中，研究方向多集中在民族声乐作品、器乐等方面，对于视唱练耳选材的研究相对欠缺，所以这个研究是具有较大的研究价值和研究空间的。所以我们小组成员下定决心要研究这个课题，重新唤起人们对于视唱练耳这个学科的兴趣与重视。

选择合适的切入点是整个项目开展的关键。项目立项后，面对这个课题我有些茫然无措。为了寻找研究方向，我和我的成员们大量搜寻合适的器乐作品谱子，反复尝试。由于器乐曲和歌曲存在着较大的差异，器乐曲音域较大，而人声的音域却相对有限，因此，我们需要选取相对适合人声演绎的作品，然后作一些改编。我们没有改编过曲子，所以刚开始像无头苍蝇一样，不知该从何入手。研究结果我们要以音乐会的形式展示，必须全面考虑到最后舞台呈现的效果。中国的器乐作品大部分以单声部的形式呈现，而作品最后表现形式不能单调，所以我们还需要尝试给它加以声部、采用弦乐、器乐及人声相结合的表演方式，促进视唱风格的多样化。我们对作品的演绎方式不能只是简单地把音唱出来，还要考虑用拟声词代替，让乐曲的表现达到最佳的效果。每一首作品用不同的拟声词演奏，展现出不同的风格。这不仅是形式上的一次大尝试，也是我们音乐学习者在音乐理念上的一次尝试。我们将所学的知识学以致用之余，尝试将不同形式与风格的乐曲移植和改编，通过对乐曲中经典曲目进行改编，将大型器乐曲用人声演绎的方式，在原有的作品上重新赋予它一种新的演绎形式，让作品可以与观众产生更高的共鸣，促进他们理解人类情感的深邃内涵，达到心灵的和谐以及与自然的契合，使作品迸发出新的火花。为了达到我们追求的最终效果，我们经过无数次尝试。

在项目的开展过程中，我们遇到了很多问题。器乐的音高都是固定不变的，而我们人要演唱器乐作品难度非常大。器乐曲音高变幻无穷，我们要完全准确地演唱出每个音符的音高需要极高的音准能力。当我们遇到变化音较多难以把握的时候，我们就一起反复练习，加深记忆，保证不会出错。只是唱准音高并不是我们的最终目标，我们还需要对作品进行处理，将乐曲里的表情记号、强弱对比都要表现出来。遇到几个声部一起唱的时候更要训练我们的听觉与音准，一不留神就会被带跑。经过多次排练，反复磨练，发现有不足的地方立刻修改；不断的尝试需要很大的恒心、毅力和耐心。为保证正常的学业和项目的研究开展，我们学会了有效地统筹安排时间。在整个过程中，我们不仅学到了本次研究本身所带来的思考能力以及实践能力的提高，而且学到了认真仔细、坚持不懈、善于思考总结的可贵精神。

经过此次的研究，我们意识到团队的合作十分重要。我们将大部分的曲目都作分声部合唱，小组成员各司其职，缺一不可，只要缺少一个人，排练将无法正常进行下去，所以需要我们小组成员的高度配合，不仅如此，光是配合到场排练还不行，需要大家高度集中把自己的声部演绎好，才能达到最终理想的效果。并且从选择项目开展的合适切入点时的多次讨论、到研究选曲时的集思广益、再到细腻处理作品时的相互鼓励，一路走来，我们小组相互学习、相互鼓励、共同探讨，学到了很多书本上没有的东西，加深了同学间的深厚友谊。

同时，我们的指导老师涂覃平老师对我们项目的指导也起到了关键的作用。涂老师学识渊博，对视唱练耳进行了深入的研究，有着自己独到的见解与体会。涂老师也曾多次参与指导科研项目，具有丰富的指导经验。在研究过程中，初次接触这类研究的我们无从下手，正是涂覃平老师为我们提供的宝贵意见和悉心指导，为我们指明了努力的方向，坚定了我们的信心，在这里真的非常感谢涂老师对我们的帮助与支持！

此次的项目我们获得了校级优秀SRTP项目。通过这个项目，我们探索到音乐的无穷奥妙，学到了许多宝贵的经验与知识，同时我们的视唱练耳、演唱、演奏能力都有所提高。这个项目还锻炼了我们对作品灵活处理的能力，在提高我们对乐曲整体理解的同时，帮助我们领会和掌握不同风格的旋律特点和声部配合方式。另外这也在一定程度上增强了大家的团结协作，让我们认识到了团队精神的重要。本次研究的宗旨是为了推动视唱练耳课程教学改革、提升视唱练耳学科的地位与影响力，让大家认识到视唱练耳的重要性。而我们也做到了，此次举办的音乐会让大家看到了视唱练耳的无限可能性，重新拾回大家对视唱练耳的兴趣。

获奖情况：

2016年，四川省大学生艺术节 一等奖、二等奖；
2017年，世界体育舞蹈节 舞蹈比赛开幕式表演奖；
2016年、2017年，西南交通大学校园爱音乐十二、十三届 十佳歌手；
2017年，爱乐国际声乐比赛 三等奖；
2018年，西南交通大学电信杯“峨眉放歌”十佳歌手；
2018年，所完成创新项目获西南交通大学校级优秀SRTP项目；
2018年06月，郫都区第二届大学生艺术节 三等奖；
2018年，校12 · 9比赛获一等奖与最佳舞台表演奖。

靠团结之力，走科创之路

¤ 姓名：周庭渊　　¤ 学院：茅以升学院

大学三年时光匆匆流逝，蓦然回首，大学时光已过半，在此期间我选择参加过大大小小各种科创竞赛，有过成功也有过失败，但是科创之路的开始都源于第一次参加数学建模竞赛定下的基调。

大学生数学建模竞赛是西南交通大学传统强势比赛，也是每年参与人数最多、参与度最高的比赛。无论是最初的新秀杯还是每年一次的国赛，在西南交大，建模比赛的日子总是有一种特别的滋味。

数学是一门基础学科，是一切科学的基础，而建立模型对我而言是一个完全陌生的概念。当时懵懵懂懂的自己， 在大一上学期“顺应潮流”作为队长组队参加校级的新秀杯比赛，从此打开了数学建模的大门。之后又接连参加了各级各类的建模比赛，从建模比赛又转向到其他比赛，也得了不少奖。现在回想过去三年里的点点滴滴，心中感慨万千。

参加数学建模比赛最直接的收益，莫过于对个人能力的提升。我是测绘专业的，而队友分别是电气专业和交运专业，都不是纯数学的科班出身。专业的不同让我们有了不同领域的见识，在比赛中能有更多创意。这个过程虽然枯燥且充满波折，但让我收获了很多，对我以后的学习与工作大有裨益。

在学习与挣扎的过程中，我体会到了学习的乐趣，特别是在做数学建模的时候的那种决心、信心和恒心。还记得在参加国赛的时候，几天里睡眠时间只有仅仅8个小时。队友们不放弃，我不放弃，做不出来就继续做。参加数学建模竞赛给我带来的益处多多，不是文字能够表达出来的。

一是打开科创之门，提升动力。从加入数学建模协会，到参加数学建模比赛，一路走来我认识了许许多多和我一起喜欢科创的小伙伴。这为我打开了科创之门，后来我又陆陆续续参加了交通科技大赛、服务外包创新创业大赛。

二是锤炼创新毅力，攻坚克难。以前的我也能认识到毅力在创新活动中的重要性，但在实际工作过程中往往虎头蛇尾，见异思迁，放弃追求。但是在参加数模比赛的过程中，我放弃了五一、端午等节假日的休息时间，坚持在有限的时间内完成大量的工作。比赛的时候承受的压力也是很大的，有时候要查阅的资料、数据量都是很难想象得到的。但是咬咬牙坚持下来，到最后赛完以后也就不觉得有什么困难克服不了了。

三是发散创新思维能力，夯实基础。参赛锻炼了我们团队的逻辑能力、联想能力、逆向思维能力等。我们深切体会到严谨细致对科研的重要性，并强化了创新所需的细心认真态度，打牢以后科研的基础。

一开始投入工作时的满满激情，总会随着碰到越来越多、越来越难的瓶颈而慢慢被挫败和着急覆盖，但只要坚持最初的期盼迎难而上，总会拨开云雾见青天。虽然在2017年国赛中，我们队由于受到现场环境的影响造成注意力不够集中，最终遗憾地获得三等奖。但是我要感谢我们团队里的每一个人，因为在整个比赛过程中，我们努力了，付出了，我们整个团队一起在努力奋斗。建模比赛的时候大家都很努力，分工协作，尽善尽美努力完成各自的任务，是队友让我有了这样一次难忘的经历，是大家众志成城的合作让我懂得了“团结就是力量”绝不是生硬的口号。比赛的成功不是一个人的荣誉，而是我们这个集体的荣誉。

参加数学建模竞赛已经过去很久了，当初的队友也都各奔东西了，但是我的科创永远在路上，还有很多更大的挑战等待着我去完成，当年的队友即将归国，我们也即将再次组队，去参加美国大学生数学建模比赛。它可能要比我们之前参加的竞赛还要难得多，但是不管它们有多困难，我们都会团结一心，攻坚克难，弥补当年的遗憾，努力地完成心中的梦想，达到胜利的彼岸。

那段参与比赛的时光，让我学到了很多，也让我明白了很多，我的脚步将永不停歇，向着黎明的方向不断前进。“吾生也有涯，而知也无涯。”我们以前走过的路，看过的风景，被埋在了过去的时光里。我们需要好好地珍惜青春，珍惜现在，好好地学习，不仅是为了我们的创新梦想，更是为了我们的未来、我们的一生。我始终坚信，不是因为有了希望才坚持，而是因为坚持才会有希望，当年一起参赛的队伍大多已经解散，只有为数不多的队伍像我们一样，为了梦想还在坚持，参加竞赛也从最开始是为了获奖，变成现在更多的是享受。只要肯付出努力，肯定会得到光辉灿烂的明天。

科创之光，团结之力；不忘初心，方得始终！

获奖情况：

2017年，全国大学生数学建模竞赛四川省 三等奖；
2017年06月，第十四届五一数学建模竞赛一等奖；
2017年06月，西南交通大学数学建模竞赛一等奖；
2017年03月，2016年“新秀杯”数学建模竞赛大一组三等奖。

科创路漫漫，我亦是行人

¤ 姓名：朱百川　　　　　¤ 学院：交通运输与物流学院

我是一个大三的学生。这个年纪的人正处于人生的开端，处于鹰隼试翼的阶段，跟大多数同龄人一样，我对未来充满渴望与迷茫。毕竟脱离了高中呆板的程式化的生活之后，大学的环境相对宽松和自由。这样的环境里容易滋长懒惰，也诞生着梦想。有的人选择终日宅在寝室打游戏，也有的人已经在给自己规划未来，不断前行。幸运的是我不算懒惰，但不幸的是在大学之初我找不到一个为之奋斗的方向，直到我慢慢踏上科创这样一条道路。

我对科创的认识始于数学建模。在参加了一次校内的数学建模竞赛之后，我发现解决问题是一件很有趣的事情，将所学转化为所用令人充满成就感。虽然严格来说数学建模不算是什么科创活动，但是让我明白科创的意义，即运用所学去解决一些尚未解决的实际问题，去创造一些令生活更便捷更美好的事物。早在高中的时候，每当我怀疑写这么多作业，做这么多题目有什么作用的时候，我总是很向往有一天能够真正让自己所学的派上用场。顾炎武的“经世致用”四个字令我颇为信服。

我渐渐走上科创这条道路，找到这个在课业之外为之努力的方向，并给自己定了一个目标，在我的大学生涯里有所创造。但慢慢认识科创之后，我发现这条令人向往令人兴奋的道路总是迂回崎岖的。令我感触最深的是科创对于人心性的磨练和对于团队合作的要求。

对于科创，浅尝辄止式的了解并不困难，但是真正想做出成绩需要付出大量的心血，有时候在很长一段时间内你的进展可能是零，但往往突变就发生在那第1001次的尝试。只有坚持和耐得住寂寞的人才能走下去。想起第一次参加交通科技大赛的时候，我将硬件部分的原理理解清楚后，卡在了如何构建一个模型去整合硬件的功能并且分析硬件得到的数据上。这个问题困扰了我很久，在查阅了参考资料、阅读了相关的一些书籍也无果之后，我意识到如果所有的问题都有现成的解决办法，那么还怎么叫创新呢？于是那段时间，我吃饭的时候在想，走路的时候也在想，一度想放弃了但仍是不甘心地在想。日思夜想，事实也证明，当一个问题不断在你脑中盘桓的时候，灵感往往就在那么一瞬间悄然来临。但最初的灵感所导向的结论往往是片面的，仍要经过不断地试验和验证之后才能得相对可靠的模型。故而科创的路不是康庄大道，只能一直在黑暗中摸索着前进。并且这条路有时候往往是孤独的，是一场自己跟自己的较量，正所谓“板凳要坐十年冷”，只有磨炼了自己的心性，沉下心来钻研，才会有收获。

科创对于团队的合作也有很高的要求，一个成果的背后往往是很多人的辛勤付出。闭门造车，独学无友，多半会碰壁。所以，一个团结一致、分工合理的团队是科创研究出成绩的关键。特别是一些规模比较大的科创项目，这样的项目一般会分为几个板块，一个小组研究一个板块，小组与小组、小组内部成员之间相互协作，才能有效推进项目的进展。比如我现在正在参加的一项SRTP项目，我们小组就在研究一个大课题下的一个子课题，而另外一个小组则负责另外一个子课题，小组之间时常进行交流，共享研究的成果，从而推进整体课题的研究。所以，在科创的过程中，团队中只有一两个出类拔萃的人去支撑，而与小组其他成员不能形成良好的交流时，课题多半就会进展缓慢甚至进行不下去而流产。靠众人之力才能建造大厦，是科创过程中我另一个很深的感悟。

当然，科创的过程中还有很多要注意的，比如说留心生活的问题，才能有研究的对象。很多时候令人苦恼的问题并不是解决问题很难，而是根本想不到可以研究的问题，故而找到可研究的问题是科创的前提。问题来源于生活，所以留心生活中不合理不便利的地方，才能有的放矢。

在大学这个阶段，不敢说是真正走上了科创的道路，而是对于科创的一种探索和尝试，毕竟所学的知识有限，解决问题还需要涉猎更多的知识，培养更多的能力。但我想我会在科创的路上一直走下去，因为“让生活更美好”也是我现阶段能够想到的一种人生价值，为了实现我的价值，虽然路漫漫，但我想我一直在路上。

获奖情况：

全国大学生数学建模竞赛二等奖（省级）；
交通科技大赛校赛三等奖；
“百蝶杯”物流仿真大赛校选赛团队第三名。

▶ 曾永家右

2018年中国（小谷围）“互联网+交通运输”创新创业大赛二等奖（国家级）获得者

▼ 程驰尧

“百蝶杯”物流仿真设计大赛二等奖(校级)获得者

◀ 陈祺琪

全国大学生数学建模一等奖（省级）获得者

▼ 陈宇帆

2018年全国大学生英语竞赛二等奖(省级)获得者

▲ 陈　韬

2018年五一数学建模竞赛三等奖(省级)获得者

▲ 寸聪瑞

全国大学生生命科学竞赛三等奖获得者

◀ 邓嘉浩

2017年主持省级SRTP项目

◀ 丁　浩

▶ 方姣棱

◀ 郭东博

2017年Mathorcup高校数学建模挑战赛二等奖(国家级)获得者

▶ 韩鑫明

2018年清华IE亮剑工业工程应用案例大赛三等奖(国家级)获得者

◀ 李志学

2018年新秀杯数学建模竞赛二等奖(校级)获得者

▼ 鲁　晨

2018年全国高校智能交通创新与创业大赛二等奖(国家级)获得者

▲ 李　薇

2018年主持省级SRTP项目

▲ 龙　芳

五一数学建模竞赛一等奖（省级)获得者

◀ 毛美琳

2018年“创青春”全国大学生创业大赛铜奖(国家级)获得者

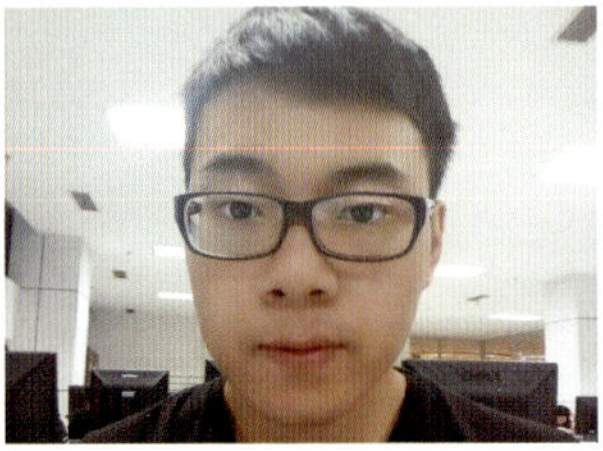

▶ 邱菲尔

2017年海峡两岸物流仿真设计大赛特等奖(国家级)获得者

▲ 乔建军

2017年“高教社杯”全国大学生数学建模竞赛一等奖(国家级)获得者

▶ 任科卉

2018年全国大学生电子商务“创新、创意、创业”大赛三等奖(省级)获得者

▼ 童心豪

2017年西南交通大学研究生结构设计竞赛三等奖获得者

◀ 邵子萌

“外研社杯”全国英语写作大赛一等奖(国家级)获得者

▼ 吴金结

2018年全国大学生生命科学竞赛一等奖（国家级）获得者

▲ 王　航

“莱州华银·金相学会杯”全国高校大学生材料综合技能大赛特等奖（国家级）获得者

▶ 薛　璇

2018年全国大学生数学建模比赛一等奖（省级）获得者

▲ 许江辉

2018年“高教社杯”全国大学生数学建模竞赛一等奖（省级）获得者

▼ 杨忠超

2017年第十四届五一数学建模竞赛一等奖获得者

◀ 杨明思

2018年全国失效分析大赛一等奖（国家级）获得者

◀ 易佳欣

2018年中国（小谷围）“互联网+交通运输”创新创业大赛二等奖（国家级）获得者

▶ 翟志康

2017年全国大学生物理学术竞赛二等奖（国家级）获得者

◀ 周 聪

五一数学建模比赛二等奖（省级）获得者

▲ 张 倩

2018年全国大学生英语竞赛二等奖（省级）获得者

◀ 周 静

2018年电工杯全国大学生数学建模竞赛二等奖（国家级）获得者

◀ 周 铁

2016年四川省大学生艺术节一等奖（省级）获得者

▶ 周庭渊

2017年第十四届五一数学建模竞赛一等奖（省级）获得者

▲ 朱百川

全国大学生数学建模竞赛二等奖（省级）获得者